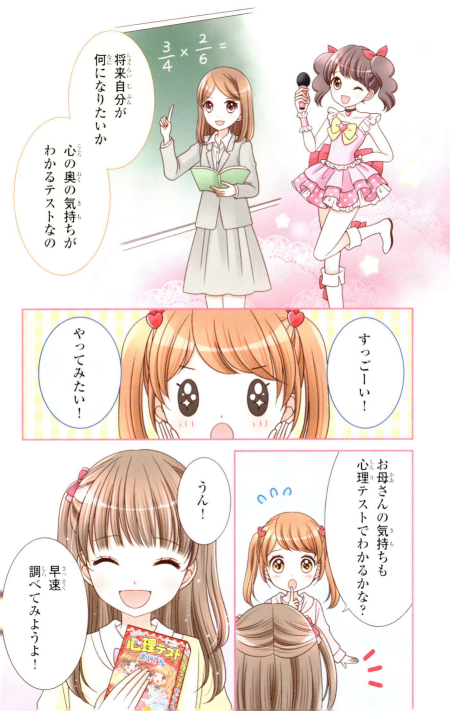

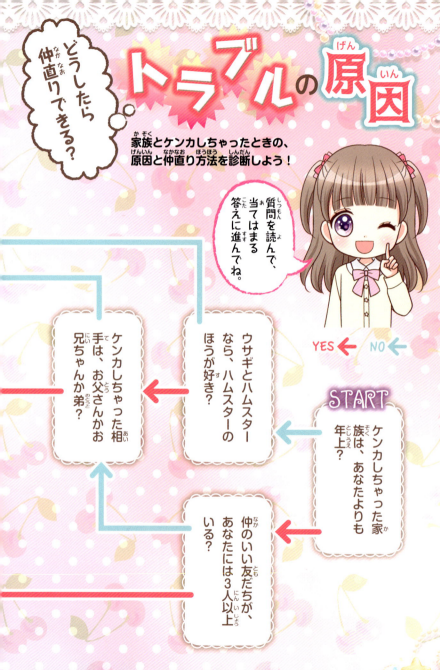

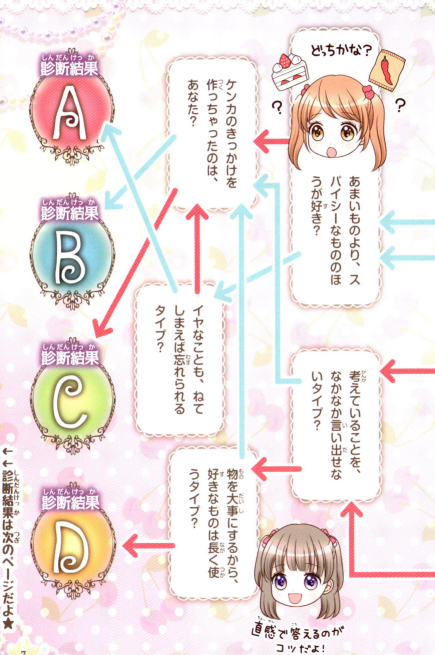

仲直りのベスト法をしょうかいするよ！

A あなたを心配していたのかも

ケンカの原因は、あなたのことを心配していたからかも。あなたのことを大事に思うあまり、ついつい厳しい言葉が出ちゃったみたい。相手もあなたと「早く仲直りしたい」と思っているはず。

だいじょうぶかなぁ…

おすすめ仲直り法
すぐにあやまろう

とにかくすぐに、あやまるのが◎。時間をあけるより、すぐにあやまるほうが効果的だよ。

B かんちがいしているのかも

相手があなたの言葉や行動を、かんちがいしている可能性が高め。あなたには相手を怒らせるつもりなんてなかったのに、ちょっとしたすれちがいから、ケンカに発展しちゃったみたい……。

おすすめ仲直り法
ケンカの理由を話し合おう

よく話し合うことが、仲直りの近道。感情的にならず、冷静に説明することが大事。

診断結果　家族とのケンカの原因と、

C ずっと気になっていたのかも

ケンカの原因は、相手がずっとあなたに言いたいことをガマンしていたからかも。「気になるけど、言っていいのかな」と長い間なやんでいたことが、ついにばくはつしてケンカになったみたい。

おすすめ仲直り法

家族みんなで話し合おう

2人だけで話すより家族みんなで話し合うのがおすすめ。絶対に仲直りできるはずだよ。

D キゲンがよくなかったのかも

ケンカの原因は、相手のキゲンが悪かったからかも。他にイヤなことがあったせいで、あなたが原因ではないみたい。相手は「言いすぎたな」と、今ごろきっとこうかいしているはず。

おすすめ仲直り法

時間を置いてあやまる

時間を少し置いてから、あやまってみよう。もしかしたら、向こうからあやまってもらえるかも。

ときめき！心理テスト大じてん

マンガ「心理テスト初体験！」……2

Part 1 本当の自分、発見！ あなたの才能診断 ……17

- 見つけよう！新しい自分★ あなたの才能診断 ……18
- 才能が目覚めるかも!? おすすめシュミ診断 ……22
- 知りたい？知りたくない？ あなたのウラ性格診断 ……26
- どんな「私」になりたい？ あなたの変身願望度チェック ……30

Part 2 みんなの心をのぞいちゃお！ フレンド★本音診断 ……65

- 将来はどんな「私」になる!? 未来のお仕事診断 ……34
- じっくり見て考えて！ イラスト心理テスト ……39
- 今日のあなたのハートは元気？ ココロの元気度診断♪ ……61
- 私ってイケてる？イケてない？ あなたの第一印象診断 ……66
- リーダー？サポート役？ グループポジション診断 ……70
- 友だちの輪を広げよう！ おつき合いのきっかけ診断 ……74

Part 3 ドキドキ&キュンキュン 運命の恋♡診断

- 早く気づいて！ あなたと仲良くなりたい子Check! …… 78
- 友だちから親友へ！ 友情ステップアップ法診断 …… 82
- ピンチをお助け！ フレンドトラブル解消法 …… 86
- マンガでわかる！ 友だちの本音診断 …… 89
- どんな男の子とどんな恋をする？ ときめきLOVE診断 …… 98
- 恋の価値観あばきます！ あなたの㊙恋ルール …… 104
- 今のあなたに足りないのは？ 恋のウィークポイント診断 …… 108
- あなたの恋のミリョクは？ 恋のミリョク診断 …… 112

97

Part 4 てってい調査！ 気になる彼♡診断

- 恋をしたら、友情優先？ 恋優先？ 恋の重要度診断 …… 116
- どうやって彼をふり向かせる？ 恋したときのアプローチ法 …… 120
- 究極の2択！ あなたの恋の〇〇度診断 …… 123
- 突げきインタビュー！ 彼はどんな男の子？ 彼のウラの顔診断 …… 130
- もっと知りたい！ 彼のウラの顔診断 …… 137

129

Part 5 「似合う」を見つけよう♪ ファッション診断 …… 145

- 似合うのはどれ？ あなたのファッションタイプ診断 …… 146
- 似合うヘアスタイルがわかる！人気者になれるヘア&アレンジ診断 …… 156
- 身につけると安心！あなたを守ってくれるアクセサリー診断 …… 160
- もっとおしゃれに！ミリョク♥アップ心理テスト …… 163
- おしゃれ度アップ！ビューティー♥おまじない …… 175

Part 6 未来のことが丸わかりっ！ マンガde未来診断 …… 177

- 部屋の片づけをしよう！ヘヤかた付けで性格判断 …… 178
- 殺人事件発生！？ …… 182
- 魔法の国からこんにちは！ …… 186
- 2人の幼なじみ …… 190
- モテモテの彼、じつは…… …… 194
- 謎のタマゴを拾ったよ …… 198
- アイドルはツラいよ！ …… 202
- ステキすぎるロボット！？ …… 206
- 占いを信じる？信じない？ …… 210
- 親友のかくし事は？ …… 214
- クジ引きが当たったよ！ …… 218
- 3人からのプロポーズ …… 222

Part 7 あなたならどうする!? シミュレーション心理テスト ... 225
テスト1 迷いの森で大冒険! ... 226
テスト2 遠足中にタイムスリップ! ... 239
総合診断 ... 251

Part 8 盛り上がり100％ おもしろ♪何でも診断 ... 257
ビックリ？ ナットク？ あなたの〇〇度診断！ おもしろ診断大集合！ ... 258
みんなの〇〇、てってい診断★ ... 269

Part 9 あなたのウラの顔が丸見え!? 4コママンガde本音診断 ... 289
女の子と魔法の種 ... 290
お姫様を救え！ ... 294
川をわたらせて！ ... 298
目覚まし時計 ... 301
宝クジのおすそ分け ... 303
秘密のデート ... 305
美容院でショック ... 307
デートで大失敗！ ... 309
ねこごとでビックリ！ ... 311
テスト勉強 ... 313
ハッピーハロウィーン♪ ... 315

マンガ「心理テストがつなぐキズナ」 ... 318

テスト1 丸つけよう！新しい自分☆
あなたの㊙才能診断

スタートから始めて、質問を読んで当てはまる答えを選んでね。

START

1
道にさいふが落ちていたよ。
あなたならどうする？
拾って交番に届ける→2へ
拾わない→3へ

2
受けるなら、どっちの授業のほうがいいと思う？
ニガテな先生に好きな科目を教わる→4へ
好きな先生にニガテな科目を教わる→3へ

3
友だちが変顔をしてきたよ。
あなたならどうする？
写真を撮らせてもらう→5へ
他の友だちを呼ぶ→6へ

4
どっちのほうが「はずかしいから無理！」って思う？
歯に青ノリがついたまま写真撮影→6へ
道で転んでパンツが丸見え→7へ

Part 1 あなたの才能診断

8
1人で「行きたくない！」と思うのは、どっち？
職員室→10へ
トイレ→診断結果 **A**

9
コンビニで一番にチェックする売り場は？
お菓子コーナー
→診断結果 **B**
雑誌コーナー
→診断結果 **C**

10
急におこづかいをもらったら、どうする？
すぐ使う→診断結果 **D**
使わずに貯金する→9へ

← 診断結果は次のページだよ☆

5
「海外」と聞いて、パッと頭に思いうかぶのは？
旅行→7へ　　留学→8へ

6
みんなの前で歌うなら、あなたは何を歌う？
新曲にチャレンジ！→8へ
定番の歌いやすい曲→9へ

7
服を買いに行くなら、だれといっしょに行く？
家族→9へ
友だち→10へ

㊙才能は？

B 人をひきつける才能

人をひきつける、不思議なカリスマ性をもっているあなた。どんなことが起きても堂々としているから、尊敬されているはず。度胸があるから、かけ引きや勝負事にも強いタイプだよ。

もっと才能をのばすPOINT　アドバイスを聞こう★

自分の意見を主張することも大事だけど、人の意見を素直に聞くことも大切。困ったときは、だれかに相談してみよう♪

A 人を楽しませる才能

明るく、オープンな性格のあなた。どんな人とも打ち解け、楽しいおしゃべりですぐに仲良くなれる才能の持ち主だよ。いざというときにはたくさんの仲間が、サポートしてくれるはず★

もっと才能をのばすPOINT　思いやりを大切に♪

みんなから助けてもらえる分、きちんとお返しをすることも心がけて。困っている友だちを見かけたら、進んで声をかけてあげよう！

診断結果 1 あなたにねむる

D 人をいやす才能

そばにいるだけでホッとする、いやしのオーラをもっているあなた。困っている人を放っておけない、やさしいハートの持ち主。のんびりしているところも、ステキなミリョク♡

もっと才能をのばすPOINT　意見を主張しよう♪

やさしい性格だから、相手のことを考えすぎて、人の意見に合わせがちかも。ときには自分の意見をしっかり伝えることも大切だよ。

C 人を導く才能

あなたは計画性があって、コツコツ努力ができる人。マジメな性格だから、友だちに相談されることも多いはず。先のことを考え、みんなを導くリーダーの資質にめぐまれているよ。

もっと才能をのばすPOINT　リラックスしよう！

「しっかりしなくちゃ！」と、カンペキ主義になりがちなあなた。リラックスする時間を作って、肩の力をぬくことも大事。

おすすめシュミ診断

スタートから始めて、質問を読んで
当てはまる答えを選んでね。

a → b →

START

困っている人がいるよ。
どうして困っていると
思う？
- a 恋人とケンカをした
- b 大金を失った

初対面の人は、まずどこ
をチェックする？
- a 顔や身長などの外見
- b 話し方やしぐさ

目標を達成したとき
の気分は？
- a やったー！
  うれしい！
- b 次もがんばら
  なくちゃ！

どうしても解けない問題。
あなたならどうする？
- a やり方をかえてみる
- b もう一度同じ方法を試す

Part 1 あなたの才能診断

診断結果 A

好きな芸能人に会えたらどうする？
- a だきついちゃう
- b きんちょうしちゃう

友だちからなやみを相談されたら？
- a 解決するまで協力する
- b 自分で解決するところを見守る

診断結果 B

1週間、ガマンできそうなのは？
- a おフロに入らない
- b 歯みがきをしない

診断結果 C

「今日の服、似合うね！」と言われたときの気分は？
- a うれしい
- b はずかしい

今から5秒以内に、昨日の夜ご飯を言おう！
- a 言えた
- b 言えなかった

診断結果 D

← 診断結果は次のページだよ★ ←

目覚めさせるシュミは?

B グルメがおすすめ

あなたはするどい味覚の持ち主。食べることや料理、お菓子作りをシュミにすると、ねむっていた才能が目を覚ますはず。慣れてきたらどんどん、レシピをアレンジしよう★

A アートがおすすめ

あなたの才能を目覚めさせてくれるのは、芸術系のシュミ。絵をかいたり、小説をかいたり、映画を観るのも◎。自分の考えたことや感じたことを、文章＆イラストで表現して!

才能を引き出すおまじない
パワフルストーン

学校の校庭で、平たい石を探そう。その石に赤いペンで★をかいて、人に見られないように校庭にうめれば、才能が引き出されるよ。

才能を引き出すおまじない
お清めの塩

白いカードに黒いペンで「才能が目覚めますように」とかき、ふうとうに入れて。そこに1つまみの塩を入れ、まくらの下に置いて。

Part 1 あなたの才能診断

診断結果 2

あなたの才能を

D スポーツがおすすめ

身体能力にめぐまれているあなたは、スポーツがおすすめ。水泳やジョギングはもちろん、ダンスもぴったり。心の奥にある情熱を身体で表現することで、どんどん才能が目覚めていくよ。

才能を引き出すおまじない
ミラクルハート

落ちこんだときは、心の中に大きなピンクのハートを思いうかべよう。気分が明るくなるから、前向きにシュミに取り組めるはず。

C 音楽がおすすめ

おすすめのシュミは、ズバリ音楽！ 楽器を演奏することはもちろん、歌うことも◎。生まれつきリズム感＆聴覚にめぐまれたあなただから、すぐに才能が開花するはず♪

才能を引き出すおまじない
ナイショのおんぷ

歌ったり楽器を演奏する前には、右手の手のひらに左手の人差し指で♪をかこう。ニガテ意識がなくなり、楽しく才能を育てられるよ。

テスト3 知りたい？ 知りたくない？
あなたの ウラ・性格 診断

スタートから始めて、質問を読んで当てはまる答えを選んでね。

a → b →

START

飛行機に乗って、旅行に出発！　行くならどっち？
- a 中国
- b インド

インドにやってきたよ！カレーを食べるなら？
- a あま口
- b から口

中国で観光するならどこがいい？
- a 有名な広場・天安門広場
- b 世界遺産・万里の長城

次にやってきたのはエジプト！　最初に見るのは？
- a ピラミッド
- b スフィンクス

Part 1 あなたの才能診断

日本に帰る前に、他の国に寄りたいな。どこに行く?
- a イタリア
- b フランス

診断結果 **A**

パスポートをなくしちゃった!? どうしよう……!
- a もっと探す
- b 交番で相談する

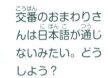

交番のおまわりさんは日本語が通じないみたい。どうしよう?
- a ジェスチャーでがんばる!
- b 絵をかいて伝える!

診断結果 **B**

診断結果は次のページだよ★

親切な人が拾って届けてくれたよ。どんな気持ち?
- a 「やったー!」と喜ぶ
- b 「気をつけなきゃ」と反省する

診断結果 **C**

どこかにさいふを落としたかも……。どうする?
- a 交番を探す
- b バッグを確認する

診断結果 **D**

27

あなたのウラ性格は？

B ミーハー

好奇心おう盛なあなただけど、ちょっぴりミーハーなところがあるみたい。流行のものは、何でも取りあえずチェック！ 飛びつくのも早いけど、あきるのも早いタイプかも。

じっくり取り組む魔法の言葉
私には、かわらない価値がある

流行にふり回されずに、好きなものに打ちこむ魔法の言葉だよ★

A アマノジャク

あなたは、少しアマノジャクな性格かも。本当はうれしいのにうれしくないふりをしたり、好きなのにイジワルをしたり。気持ちと正反対の行動を取っちゃうみたい。

素直になれる魔法の言葉
私の口は、真実の口

素直になれないときに唱えると、効果バツグンの魔法の言葉だよ。

28

診断結果 3 だれも知らない

D ネガティブ

あなたには、ネガティブに物事を考えるところがちょっぴりあるよ。いつも「最悪の結果」を先にイメージして、答えがまだわかっていない状態から、オロオロしちゃうタイプかも。

ポジティブになる魔法の言葉

> 私は、最高の
> 結果を手にする

後ろ向きな気分になったとき、前向きになれる魔法の言葉だよ♪

C ドンカン

ちょっぴりだけど、ドンカンなところがあるあなた。自分の感覚を一番に考えすぎて、まわりが見えなくなっちゃうことがあるみたい。気づかないうちに、みんなをふり回していることも。

気配り上手になれる魔法の言葉

> 私のアンテナは、
> 見のがさない

大切なことに気づいて気配り上手になれる魔法の言葉だよ！

テスト4 どんな「私」になりたい？
あなたの変身願望度チェック

スタートから始めて、質問を読んで当てはまる答えを選んでね。

a → b →

START

どこか1つだけ、メイクをするなら？
- a くちびるに色つきリップ
- b ほほにチークを入れる

知らない街でお店に入るなら？
- a 行列ができているお店
- b だれも並んでいないお店

ヘアスタイルをかえたいときは？
- a 美容院に行く
- b 自分でヘアアレンジ

かわいいと思うのは、どっち？
- a パンダ
- b イルカ

Part 1 あなたの才能診断

診断結果 **A**

診断結果 **B**

診断結果 **C**

診断結果 **D**

診断結果は次のページだよ★

願いがかなう石を拾ったら？
- a みんなにじまんする
- b だれにも言わない

魔法のカレンダーをもらったよ。どんな効果があると思う？
- a 時間を巻き戻せる
- b 時間を早送りできる

カベに穴が開いちゃった……。どうする？
- a ポスターでかくす
- b ティッシュをつめる

未来がわかるなら、何が知りたい？
- a 未来の結婚相手の顔
- b 未来の自分の顔

時計がいくつもあって、時間が全部ちがう！何を信じる？
- a 一番大きな時計
- b 一番小さな時計

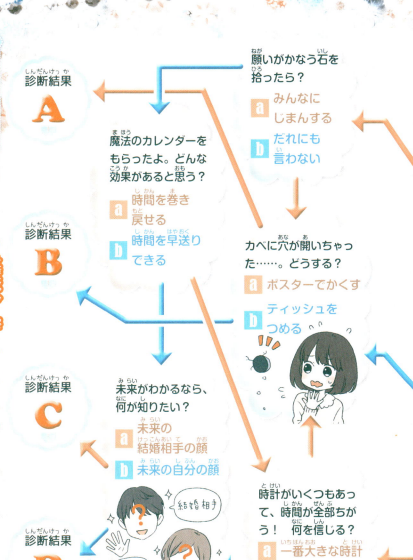

変身願望度 ☆

B 30%

変化することはキライではないけど、自分をかえたいという気持ちは低め。今の状態に満足しているのかも。無理に「かわらなきゃ！」と思う必要はないので、自分らしさを育てよう♪

今すぐできるプチ・チェンジ
ヘアスタイルをかえる

見た目のフンイキをパッとかえたいなら、ヘアアレンジがおすすめ。前髪を上げたり、髪の毛の分け目をかえてみて。

A 90%

変化やしげきが大好きなあなたは、いつも「かわりたい！」と願っているタイプ。「ふつう」でいることがニガテで、まわりの人とは少しちがう、どこにいてもめだつ存在になりたいみたい。

今すぐできるプチ・チェンジ
お出かけ先をかえる

今まで行ったことがない場所に出かけてみよう。意外な発見にハートがしげきされて、新しい自分に出会えちゃうかも！

診断結果 4 あなたの

D 70%

自分をかえたい願望がかなり高いあなた。「あの人になりたい」という、具体的な理想があるのかも。でも、それを実行に移す勇気がないことが、ストレスになっている可能性も……。

今すぐできる プチ・チェンジ

考え方を かえる

「どうせ無理だし……」と、できない理由を探すのではなく、「どうしたらできるようになるかな？」と考え方をかえてみよう！

C 50%

あなたは、変身したあとの自分をイメージすることが好きなタイプ。実際に行動はしないけど「もし○○したら……」「○○なら……」と、いろいろなことを考えて楽しんでいるはず！

今すぐできる プチ・チェンジ

食べ物を かえる

お菓子やガムを買うときは、食べたことがない味を選んでみて！ちょっとしたしげきが生まれて、考え方に変化をもたらすよ。

テスト **5** 将来はどんな「私」になる!?

未来のお仕事診断

大人になったあなたが、どんな仕事をしているか調べちゃおう！

Q1 仕事に行くときは、どんな服がいい？

a カジュアル

b エレガント

c キュート

Q2 この人に一番似合う色は？

a 赤

b 黄色

c 紫

34

Part 1 あなたの才能診断

Q3 落とし物を発見！だれに声をかける？

a 手前にいる人
b 奥にいる人
c しゃがんでいる人

Q4 気分が悪い人を見かけたら？

a 病院を探す
b 助けを呼ぶ
c 助ける

診断方法

質問の答えを、表に照らし合わせて合計点を出してね。合計点で結果がわかるよ。

c	b	a	
3	2	1	Q1
2	1	3	Q2
1	3	2	Q3
3	1	2	Q4

10点以上
→ 診断結果 A
36ページへ

7〜9点
→ 診断結果 B
37ページへ

6点以下
→ 診断結果 C
38ページへ

35

のお仕事は？

美のお仕事

人をキレイにするセンスがあるあなた。大人になったら、ビューティー系の仕事で活やくしそうだよ。キレイにしてあげた人に「ありがとう！」と感謝されると、「この仕事をやっていてよかった！」って、やりがいを覚えるはず。

髪をキレイに！→ 美容師、ヘアメイク

肌をキレイに！→ メイクアップアーティスト

ツメをキレイに！→ ネイリスト

全身をキレイに！→ エステティシャン

 その後のあなたは……

指名 No.1 に

たくさんの人から「あなたじゃないと、ダメなんです！」と言われるくらい、有名になりそう。いそがしいけど、じゅうじつした毎日を送るはず♪

36

診断結果 5 あなたにぴったり

B 芸のお仕事

人前でこそ、実力をハッキするあなたは芸能関係の仕事がおすすめ。大勢の前で歌ったりおどったり、演技をする仕事が向いているよ。ファンのみんなから応援されて、スポットライトを浴びると、ハッピーな気持ちになりそう。

たとえば……

- 歌で勝負！→ 歌手、アイドル
- ダンスで勝負！→ ダンサー
- スタイルで勝負！→ モデル
- 演技で勝負！→ 女優

未来予報！ その後のあなたは……

芸能界で活やく

大人になったあなたは、みんなに愛されて活やくする芸能人になりそう。たくさんの人に応援されて、毎日読み切れないほどのファンレターが、届くはず！

Part 1 あなたの才能診断

C 知のお仕事

頭がよくて何事も器用にこなすあなたは、専門的な知識が必要な仕事が◎。勉強は大変だけど、努力すると夢はかなうことを実感しそう。たくさんの人にサポートされて「がんばらなきゃ」と、やる気をメラメラ燃やすはず。

世の中のために！→ 政治家

人のために！→ 弁護士

病気を治すために！→ 医師、看護師

未来のために！→ 学者、研究者

 その後のあなたは……

うわさの有名人に

困っている人をたくさん助けて、いそがしい毎日を送りそう。新しい機械の発明や薬の研究の成果が認められて、ちょっとした有名人になっちゃうかも!?

Part 1 あなたの才能診断

じっくり見て考えて！ イラスト心理テスト

質問のイラストをじっくり見て、ピンときた答えを選んでね。
あなたの才能＆性格を診断するよ！

テスト ⑥

これは、無人島で発見された古い宝の地図だよ。
宝物がかくされているのは、A〜Fのうち、どこだと思う？

← 診断結果は次のページだよ☆ ←

このテストでわかるのは!?
あなたの金銭感覚

診断結果 ❻

D セール大好き♡
安いものを見つけると、必要なくてもつい買っちゃうあなた。買い物の前に「本当に必要？」と自分自身に聞いてみよう！

A 金銭感覚バッチリ！
あなたの金銭感覚は、かなり理想的！ お年玉はしっかり貯金して、毎月のおこづかいで、きちんとやりくりするタイプ。

E マジメな節約家
あなたはコツコツと貯金ができる、マジメな節約家。お金を使うよりも、「貯めるほうが楽しい！」と思っているタイプ。

B ちょっとミエっぱり
みんなにじまんしたくて、高価なものを買っちゃうクセがあるあなた。少しずつでも、貯金する計画を立ててみよう。

F 好きなものに投資
自分の好きなものや、シュミにお金をかけるあなた。その他のことにはあまりお金を使わない、きょくたんなタイプ。

C 貯金は気分しだい
あなたは「ほしい」と思ったら、絶対買わないと気がすまない人。ほしいものがないと、自然にお金が貯まるタイプ。

テスト 7

森の奥にある伝説の泉。ここには不思議な生き物が住んでいるんだって。それは何？

A カッパ
B 人魚
C 金色の白鳥
D ドラゴン

診断結果は次のページだよ★

テスト 8

この部屋のインテリアの中で、何か1つだけ選んで捨てるとしたら、あなたはどれを捨てる？

A ベッド
B タンス
C 勉強机
D テーブル

41

あなたの長所 — 診断結果 7

 落ち着いたフンイキ！

あなたは落ち着きがあるのが長所。あわてず冷静に行動するから、たよりになるよ。

 かがやく明るさ！

あなたの長所は明るさ。その場のフンイキを明るくする、花のようなミリョクの持ち主。

 意志の強さ！

あなたの長所は意志の強さ。自分の意見を伝える姿は、みんなのあこがれだよ。

 あふれるやさしさ！

あなたの長所はやさしさ。困っている人に必ず声をかけるからみんな感謝しているよ。

あなたのなやみごと — 診断結果 8

 マジメすぎる

マジメすぎるのがなやみ。たまにはハメをはずして新しい自分を見つけてみて！

 キズつきやすい

キズつきやすいのがなやみ。そのぶん、まわりの人の気持ちがわかるやさしい人。

 おっちょこちょい

おっちょこちょいなのがなやみ。指をさしてチェックするとうっかりミスが減るよ。

 集中力が続かない

集中力が続かないのがなやみ。やるべきことを紙にかいて、頭の中を整理してみよう。

テスト 9

こんなカンバンを見つけたよ。いったいどんな意味があると思う？

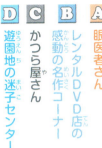

A 眼医者さん
B かつら屋さん
C 感動の名作コーナー レンタルDVD店の
D 遊園地の迷子センター

←診断結果は次のページだよ★←

テスト 10

目の前にある部屋のドアに、こんなプレートがかかっているよ。どんな意味だと思う？

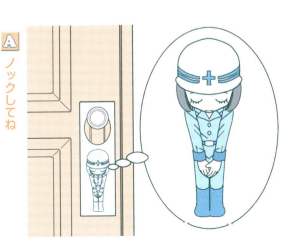

A ノックしてね
B 散らかっていてすみません
C 勉強中。ジャマしないで！
D 外出中。入室禁止！

このテストでわかるのは!? あなたのワガママ度 診断結果 9

C 60%
あなたは、夢中になるとまわりが見えなくなることがあるみたい。落ち着くことが大事！

A 20%
自分の気持ちも、相手の気持ちも大事にできる人。みんなに信らいされているはず。

D 0%
いつも自分より相手を優先してあげるあなた。たまには、自分から気持ちを伝えてみて。

B 90%
悪気なくまわりをふり回しがちなあなた。友だちの気持ちを聞くように心がけてみよう。

このテストでわかるのは!? あなたのカンペキ主義度 診断結果 10

C 0%
あなたは何事も手をぬいてしまいがち。一生けん命やると、ちがう結果が見られるかも？

A 20%
「まぁいっか」と適当になってしまうことがあるみたい。メリハリを意識してみよう。

D 90%
決めたことはカンペキにこなしたい！　というあなた。たまには肩の力をぬいてみてね。

B 60%
ほどよく力をぬきながら、きちんと最後までやりとげるあなた。意外とマジメなタイプ！

44

← 診断結果は次のページだよ★

テスト 11

家族で旅行して、写真を撮ったよ。確認してびっくり、謎の光が写ってる！ それはどんな光？

- A 星のようにキラキラした光
- B ホタルのような丸い光
- C スポットライトのような光

テスト 12

サーカスのピエロがお手玉をしています。これから何コのお手玉を、落とさずに投げると思う？

- A 1コだけ
- B 2コ
- C 4コ
- D 5コ以上

このテストでわかるのは!?

あなたの落ちこみ度

C 10%
運動したりおしゃべりしたりして、上手に気分転かんできるあなた。落ちこみ度はかなり低めだよ★

B 60%
気分を切りかえようと努力するけど、少し時間がかかるタイプ。楽しいことを積極的に探して♪

A 90%
あなたは落ちこみやすい人。なやみ始めると長引くから、散歩をしたりおやつを食べて気分転かんを。

このテストでわかるのは!?

あなたの責任感

C 40%
責任感はちょっと低め。得意なことはすぐやるけどニガテなことは先のばしにしちゃう。

A 90%
かなり責任感が強いあなた。あれもこれもと手を出さずに、1つずつ確実に終わらせる人。

D 20%
お人好しな性格で、人からお願いされるとイヤと言えず、何でも引き受けちゃうタイプ。

B 60%
責任感は強いほうだけど、ムダなことはすっぱり止める決断力も、もっているタイプ。

46

テスト13

ピクニックにやってきたあなた。でも、友だちとはぐれちゃった！ 合流できるのは、何分後？

A 30分以内
B 1時間以内
C 全然会えない

← 診断結果は次のページだよ★ ←

テスト14

友だちのペットを預かったら、突然、人間の言葉を話し始めた！ どんな話を始めたと思う？

A 飼い主の悪口
B 飼い主のヒミツ
C 飼い主への感謝

このテストでわかるのは！？
診断結果 13

あなたの マイペース度

C 80%

あなたはかなりのマイペース。みんなも「しょうがない」とあなたに合わせてくれるはず。何があっても、自分のペースをくずさない人だよ。

B 50%

合わせられるときは相手の意見を尊重するけど、やりたいことがあるときは、自分のペースで進めるあなた。ほどよいマイペース度の持ち主。

A 20%

あなたは人に合わせてもらうより、自分から相手に合わせるタイプ。まわりの顔色をうかがって、言いたいことが言えないときもありそう。

このテストでわかるのは！？
診断結果 14

あなたの 心配性度

C 10%

あなたは物事を楽天的に考えることができるタイプ。「なやんでいる時間がもったいない！」って、問題解決に向かって行動するはず。

B 60%

基本的にあまりなやまないタイプ。でも、本当に困ったときは「もう無理〜！」とフリーズしそうだから、仲のいい友だちに相談しよう！

A 90%

心配しない日はないくらい、いつも心配しているあなた。「どうしよう!?」と困ったら、まずは深呼吸を3回して、落ち着きを取り戻してね。

テスト 15

願い事が何でもかなう、魔法のチケットを手に入れたよ。でも、使えるのは一度だけ。どうする？

A すぐ使う
B じっくり考える
C 使わない

診断結果は次のページだよ★

テスト 16

劇でシンデレラの役をやることになったよ！　目の前にはガラスのクツ。今のあなたの気分は？

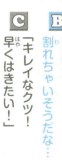

A 「足が入らなかったら、どうしよう？」
B 「はいたら、割れちゃいそうだな……」
C 「キレイなクツ！　早くはきたい！」

このテストでわかるのは!?

あなたの意地っぱり度

C 90%　**B 60%**　**A 30%**

どんなにツラくても、しんどくても、自分の限界がくるまでガマンしちゃうタイプ。でも、無理は禁物だよ！ときには素直になってね。

自分で「これはできるぞ！」と思ったことは、最後まで1人でがんばるあなた。意地っぱり度はそこそこだよ。とってもバランスがいい状態。

わからないことや、困ったことがあったらすぐに「教えて」と、まわりの人に聞ける素直なあなた。意地っぱり度はかなり低めだよ。

このテストでわかるのは!?

あなたの社交度

C 60%　**B 80%**　**A 20%**

どんな人とも、上手にコミュニケーションが取れるあなた。でも初対面の人に対してだけ、「どこまで聞いていいの」ってきんちょうしちゃう。

あなたは社交的な性格！初対面の人とでも、すぐに仲良くなれるタイプだよ。でもちょっと、強引に相手をさそっちゃうこともあるかも？

さそわれたら遊びに行くけど、自分からは言い出せないあなた。自分から友だちをさそいたいときは、笑顔で話しかけると上手くいくはず！

不思議なドリンクを飲んだら、なんと若返りの薬だった！　何才くらいまで、若返ったと思う？

A 小学校一年生
B 幼ち園生
C 赤ちゃん

← 診断結果は次のページだよ ★ ←

魔法のペンをもらったよ！　この魔法のペンに宿る不思議な力は、次の３つのうち、どれ？

A だれよりも頭がよくなる
B だれよりも上手に字がかける
C だれよりも絵が上手くかける

このテストでわかるのは!?

あなたの お調子者度

C 80%
あなたはかなりのお気楽タイプ。マジメに考えることが少しニガテみたい。大事なことはあきらめずに、最後までやりとげる努力が必要！

B 60%
あなたはどちらかと言うと、お調子者タイプ。でも、がんばるときはがんばって、適度に息ぬきができているから、とてもバランスがいい状態。

A 20%
あなたはお調子者というより、しっかり者。いつもがんばっているから、心の中で「子どもに戻りたい」って思っているのかも。

このテストでわかるのは!?

あなたの アクティブ度

C 20%
積極的に行動するより、受け身でいることのほうが多いあなた。いつもまわりのみんなに気を使っているから、好感度はかなり高め♪

B 80%
あなたは行動力バツグンで、とてもアクティブな人！ 決断力もかなりのもの。まわりを引っぱっていく、リーダーの素質の持ち主だよ。

A 60%
あなたはとてもバランス感覚が豊かな人。行動するときはサッと動くけど、考えたほうがいいときは、じっくりと計画を立てられるタイプ。

テスト 19

10年後の自分と道ですれちがったら、どんな感じがすると思う？ 3つの答えから選んでね。

A 不思議な気分になる
B 未来の自分だと気づかないかも
C 話しかけたくなりそう

テスト 20

天国のドアを閉める係になったよ！ 天国と人間界の間にある、ドアの重さはどのくらい？

A とても軽い
B とても重い
C 軽くなったり、重くなったりする

このテストでわかるのは!?

診断結果19

あなたの デリケート度

C 60%

あなたのデリケート度はふつう。でも気になることがあると、ずっとそのことばかり考えちゃうタイプ。気分を切りかえたいときは、深呼吸して。

B 80%

かなりデリケートなあなた。気配り上手で、いつもみんなのことを考えているから、つかれやすいかも。リラックスすることも大事だよ。

A 20%

あなたはデリケートと言うより、少しドンカンな人。まわりを気にしすぎるのはNGだけど、もう少しみんなの気持ちを考えると◎。

このテストでわかるのは!?

診断結果20

あなたの めんどうくさがり度

C 60%

あなたはめんどうくさいことを「楽な方法で終わらせるには、どうしたらいい?」と考えるタイプ。いつの日か、すごい発見をしちゃうかも!?

B 80%

あなたは超がつくくらいの、めんどうくさがり屋。少しでも楽な方法があったら、飛びついちゃう。こうかいする前に考える時間を作ろう。

A 20%

あなたは何事もコツコツとこなしていくタイプ。「めんどうくさいな」と思っている時間があったら、少しでも作業を進めようと考える人だよ。

54

Part 1 あなたの才能診断

テスト 21

ビンの中にある液体を、スプーンですくってみたよ。液体はどんな状態だと思う？

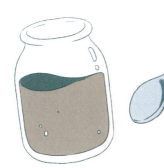

- A トロリとしている
- B サラッとしている
- C ネバッとしている

← 診断結果は次のページだよ☆ ←

テスト 22

「花をプレゼントするね」と言われたよ。あなたなら、どんな花をリクエストする？

- A 大きなブーケ
- B カゴにアレンジメントされた花
- C 小さなブーケ

このテストでわかるのは!?

あなたの 食いしんぼう度

C 60%　**B** 20%　**A** 80%

自分の好きなものだけを、食べて生活したいあなた。同じ料理が続いても「最高だね！」とあきずにいられるのは、すごい才能かも!?

ご飯を食べる時間があったら、シュミや勉強に集中したいタイプ。あまり「食べること」自体に興味がなさそう。でも、お菓子は別腹のはず。

食いしんぼう度が高めのあなたは、おいしいものがあれば、どんなこともがんばれるよ。大人になったら、かなりのグルメになりそう!?

このテストでわかるのは!?

あなたのリーダー度

C 20%　**B** 60%　**A** 80%

「これをやって」と人にたのむより、たのまれるほうが楽だと考えるあなた。リーダーのサポート役が、活やくできるポジションかも！

リーダーの才能にはめぐまれているけど、あまり自分から立候補はしないあなた。でも、やるとなったら一生けん命、はり切っちゃうタイプ。

あなたはバリバリのリーダータイプ！あなたはべつに何もしていないのに、自然と人が集まってきて、たよられちゃうことが多いはず！

56

Part 1 あなたの才能診断

テスト23

新しいノートを買ったよ。使おうとしたら、よごれていたみたい。よごれていたのはどこ？

A 最初のページ
B 中間のページ
C 最後のページ

← 診断結果は次のページだよ★ ←

テスト24

スポーツをして、たくさんアセをかいたあとのあなたの感想は、どっち？

A 「気持ちいい！」
B 「ぐったり……」
C 「やせたかな？」

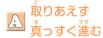
テスト25

道に迷ったみたい。まわりにはだれも人がいないし……どうする？

A 取りあえず真っすぐ進む
B 適当に曲がる
C 人が来るまで動かない

57

あなたのマジメ度 — 診断結果23

C 20%
ルールや約束がニガテで、不マジメと言うより自由。しばられるのがイヤな人。

B 60%
意外にマジメなあなた。「たまにはハメをはずしたい」と考えているんじゃない?

A 80%
あなたはマジメな性格。ルールや約束が守れなくなると、すごく落ちこみそう!

あなたのメルヘン度 — 診断結果24

C 20%
あなたは現実的な人。ぼーっと空想している人を「こらっ!」と注意するタイプ。

B 80%
いつでもどこでも、おとぎの国をイメージできちゃうあなた。メルヘン度は高め!

A 60%
たまにメルヘンチックなことを「うふ」と想像するけどすぐに現実に戻るタイプ。

あなたの根にもつ度 — 診断結果25

C 60%
ふとしたときに「そう言えば……」と、イジワルされたことを思い出すタイプ。

B 80%
イジワルされたら、ずっと根にもっちゃう。やり返しはしないけど、忘れないよ。

A 20%
根にもたないというより忘れっぽいタイプ。イヤなことも、次の日にはケロリ。

テスト26
この図形の真ん中に色をぬるなら、どの色をぬる？

A 赤
B 青
C 紫

←診断結果は次のページだよ★←

テスト27
「薬」と言われたら、どんな薬を思いうかべる？

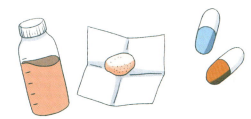

A カプセル
B 粉薬
C 液体

テスト28
魔法の鏡を買うなら、どの鏡を買う？

A とにかく ホメてくれる
B ビシバシ 注意してくる
C ただ、イケメンが 住んでいるだけ

このテストでわかるのは!? あなたの **単純度** 診断結果**26**

C 20%
じょうきょうを的確に判断する冷静なあなた。だまされることはないはず。

B 60%
そんなに単純ではないけど、ウソをつくのはニガテなあなた。しどろもどろに。

A 80%
自分が思っている以上に単純なあなた。かくしているつもりでも、バレバレ!?

このテストでわかるのは!? あなたの **はずかしがり屋度** 診断結果**27**

C 80%
超はずかしがり屋なあなた。注目されると、固まって動けなくなっちゃう。

B 20%
どんなときも、まわりを気にせずに行動できるあなた。はずかしがり屋度は低め。

A 60%
ふだんは平気な顔をしているのに、イザとなると何も言えなくなるタイプ。

このテストでわかるのは!? あなたの **うっかり度** 診断結果**28**

C 60%
大事なときにうっかりミスをしちゃうタイプ。念には念を入れて確認をしよう。

B 80%
何もないところで転んだり、忘れ物をしたり。あなたのうっかり度は結構高め。

A 20%
ふだんから、うっかりすることがないあなた。かなりのしっかり者のはず!

60

テスト29 ココロの元気度診断♪

今の自分のハートに、色をぬるなら何色をぬる？

A 赤
→62ページへ

B ピンク
→62ページへ

C オレンジ
→62ページへ

D 黄色
→63ページへ

E 緑
→63ページへ

F 青
→63ページへ

G 紫
→64ページへ

H 黒
→64ページへ

I グレー
→64ページへ

J 茶色
→64ページへ

コンディション check!

コンディションをアップさせる、おすすめフードも大しょうかい♪

B ピンクのあなたは……

恋がしたい♥
彼に会いたい♥

ピンクは愛のカラー。恋をしていない人は「恋がしたい！」という気持ちが高まっているサイン。ステキな出会いがあるかも。恋愛中のあなたは、ぐうぜん彼に出会えそう♥

おすすめフード
モモ、サーモン、ソーセージ

A 赤のあなたは……

やる気モリモリ！
何でもこい！

今のあなたは、エネルギー全開でパワフルな状態！ やる気に満ちあふれているから、今なら何でもできるはず。あと回しにしていることがあれば、早速、取りかかろう！

おすすめフード
リンゴ、イチゴ、トマト

C オレンジのあなたは……

おすすめフード
オレンジ、タマゴ、ニンジン

好奇心100％★
チャレンジしたい★

今のあなたは好奇心がムクムク芽生えてきて、いろいろなことにチャレンジしたいみたい。みんなと楽しく話したい気持ちが高まっているから、新しい友だちができちゃうかも？

あなたのココロの

今のあなたのハートの状態を調べてみよう！

E 緑のあなたは……

友情運アップ！トラブルもなし！

今のあなたのハートは、すごく平和な状態だよ。とくに友だちとのつき合いにツキがありそう★ ケンカをしていた子とも、仲直りするチャンスがやってくるはず。

おすすめフード
キウイ、ライム、グリーンピース

D 黄色のあなたは……

とにかく楽しい♪うれしい♪

黄色を選んだあなたのハートは、とてもハッピーな状態。「もっと楽しいことはないかな？」って、ワクワクを探すアンテナがびんかんになっているよ。情報収集してみよう！

おすすめフード
レモン、バナナ、トウモロコシ

F 青のあなたは…… 冷静さアップ★勉強がはかどる★

おすすめフード
ソーダ、ミントアイス

今のあなたなら、ニガテな科目も好きになれちゃうかも。勉強や宿題がどんどんはかどるから、積極的に予習復習をがんばると、メキメキ効果が出そう。100点も夢じゃない！

I グレーのあなたは……

やさしい気持ち♥おだやか♥

グレーを選んだあなたは、だれに対しても、やさしい気持ちになっているみたい。この時期は何かを始めたりせず、おだやかに過ごすとラッキーな出来事にめぐまれるよ。

おすすめフード
つみれ、ソバ、ゴマどうふ

G 紫のあなたは……

芸術的才能の目覚め♪センスもアップ♪

紫を選んだあなたは、今、芸術に興味しんしんみたいだよ。美術館やコンサートに出かけると「私もチャレンジしてみたい！」って、創作意欲がしげきされるはず。

おすすめフード
ブドウ、紫イモ、ブルーベリー

J 茶色のあなたは……

リラックス♪のんびりしよう♪

あなたのハートは、リラックスしてのんびりしている状態。無理をしていろいろがんばるよりも、今はゆっくり過ごすのが正解だよ★ ホッとひと息ついて、お休みしよう。

おすすめフード
チョコ、アーモンド、ホットケーキ

H 黒のあなたは……

自信たっぷり！迷わない！

あなたは今、自信に満ちた状態。なやんでいたことや、迷っていたことを、もう一度考えてみるチャンスだよ。今まで思いつかなかった解決方法がひらめくはず。

おすすめフード
ココア、ノリ、ゴマ

フレンド☆本音診断

みんなの心をのぞいちゃお！

Part 2

友だちともっと仲良くなる方法や、クラスメイトの気になる本音を、心理テストでてってい調査！ みんなの心の中がわかれば、友だちの輪を広げるポイントや、ケンカをしたときの仲直りテクもバッチリわかるよ。友だちをたくさん作って、人気者を目指しちゃおう♪

テスト1 あなたの第一印象診断

私ってイケてる？ イケてない？

スタートから質問を読んで、物語を進めてね★

START 1
今日は席がえ！ でも、新しい席のまわりは、あまり話したことがない子ばかり……。どんな気持ち？

「どうしよう、さびしいな……」→ 4 へ
「新しい友だちを作るチャンス！」→ 5 へ

2
「おはよう！ よろしくね」と勇気を出して話しかけたよ。その子は何て答えたと思う？

「こちらこそ、よろしく！」→ 7 へ
「話しかけてくれて、ありがとう」→ 10 へ

3
だれのものかわからないから、拾わないでいようっと。……ん？ となりの子が何か探しているみたい。

もしかして消しゴム？ → 6 へ
話しかけてみようかな？ → 9 へ

4
さびしい気持ちのまま、授業が始まったよ。あれ？ 消しゴムが転がってきたみたい。どうする？
拾わない → 3 へ
拾ってあげる → 8 へ

Part 2 フレンド☆本音診断

5
まわりの子と仲良くなろうと決めたけど、さて、だれに話しかけてみる？
前の席の子
→ 2 へ
後ろの席の子
→ 10 へ

8
休み時間「それ、私の消しゴムなの」と、となりの子に話しかけられたよ。どうする？
すぐにわたしてあげる→ 6 へ
「よろしくね！」とひと言そえる→ 7 へ

6
消しゴムをわたしたら、とても喜んでくれた！お礼を言われたよ。どんな気持ち？
拾ってあげてよかった！
→ 診断結果 **F**
もっと早く拾えばよかった
→ 診断結果 **D**

9
その子は「ノートがないの……」と困っている様子。じゃあ、消しゴムはいったいだれのもの？
もしかして、私の？
→ 診断結果 **D**
もしかして、先生の？
→ 診断結果 **E**

7
仲良くなりたい子には、どんな話題でおしゃべりしたらいいのかな？　あなたならどうする？
好きな芸能人の話をする
→ 診断結果 **A**
シュミの話をする
→ 診断結果 **B**

10
話し始めると、好きなマンガが同じだったよ。「今度家に来ない？」だって。どうする？
うれしい！　すぐに行きたい！→ 診断結果 **B**
もうちょっと仲良くなってから
→ 診断結果 **C**

← ← 診断結果は次のページだよ★

第一印象は？

A 元気なムードメーカー

あなたの第一印象は、明るく楽しく場を盛り上げるムードメーカー。どんな場所でもすぐ人気者になれる、ステキなオーラの持ち主。

身ぶり手ぶりを大げさにすると、あなたの人気度がさらにアップ！

B アクティブなリーダー

行動的で、みんなの意見を上手にまとめるリーダーというのが、あなたの第一印象。たよりになりそうって、思われているみたい。

言葉つかいをていねいにすると、みんなからもっと注目されそう♪

C センス◎のおしゃれ娘

あなたは「センスがよくておしゃれな子」とみんなに思われているよ。あなたのファッションをマネしたいと思っている子もいるはず。

印象アップの㊙テク

笑顔を忘れずにいると、まわりからもっと話しかけられるよ★

 # あなたの

D おしとやかなおじょう様

あなたはみんなに、おしとやかな女の子と思われているみたい。女の子らしいフンイキに、あこがれている子がたくさんいるよ！

自分からあいさつをすると、クラスの人気をひとりじめできそう★

E クールな1ぴきオオカミ

あなたの第一印象は、クールでカッコイイ女の子。まわりより大人っぽいフンイキが、みんなに「ステキ♥」と思われているみたい。

話のとちゅうで「わかる〜！」と共感すると、友だちが増えるはず！

F やさしいいやし系

やさしくって、そばにいるだけでいやされそう、というのがあなたの第一印象。みんな、あなたに話しかけたいと思っているみたい。

積極的にシュミの話をすると、友だちの輪が広がっていきそう♪

テスト2

グループポジション診断

リーダー？サポート役？

質問を読んで頭の中で言葉をイメージしながら、より当てはまる答えを選んで進んでね。

頭の中でイメージしてね！

START

より「大変」なのは？
- a 大人
- b 子ども

a ← b ←

より「こわい」のは？
- a 幽霊
- b どろぼう

より「白い」と思うのは？
- a 雪
- b ウェディングドレス

より「大切」なのは？
- a やさしさ
- b 思いやり

より「さびしい」のは？
- a 真っ暗な道
- b せまい部屋

より「高い」のは？
- a ビル
- b プライド

答えをえらんで進もう！

Part 2 〈フレンド★本音診断〉

診断結果 A

診断結果 B

診断結果 C

診断結果 D

より「長い」のは？
a 授業
b 川

より「細い」のは？
a ヘビ
b キャンドル

より「あつい」のは？
a スープ
b 夏

より「速い」のは？
a ジェットコースター
b 新幹線

より「難しい」のは？
a 勉強
b 恋愛

より「イタイ」のは？
a 虫歯
b 注射

より「楽しい」のは？
a パーティー
b ショッピング

より「かっこいい」のは？
a 天使
b 悪魔

← ← 診断結果は次のページだよ★

ポジションは?

A たよれる! みんなのまとめ役

あなたはグループの中で「たよれるまとめ役」として活やくしているよ。意見がバラバラになったときや、遊びに行く計画を立てるときは「こうしようよ!」と、みんなを1つにまとめて引っぱっていくタイプ。

まとめ役の注意POINT
まとめるときに、自分の意見を優先するのはNG! 平等に考えるように気をつけてね。

B おもしろい! みんなの人気者

あなたはグループのみんなから、「おもしろくって、いっしょにいると楽しい!」と思われているよ。あなたがいるだけで、グループのフンイキが明るくなるはず。楽しい話題で会話を盛り上げるのが上手なタイプ。

人気者の注意POINT
マジメな話をしているときは、イラッとさせちゃうからジョークはひかえよう。

診断結果 2 あなたのグループ

C スマート! みんなの相談役

あなたはグループの中で、困っている友だちにアドバイスをしたり、なやみ事の解決方法をいっしょに考えたりする、相談役として活やくしているよ。ユニークな視点で、トラブルを解決しちゃう天才だよ!

相談役の注意POINT
みんなで何かをやるときは口ばかり動かさないで手も動かそう。おしゃべりしすぎはNG。

相談してね!

手伝うよ!

D 助かる! みんなのサポーター

あなたはグループの中で、みんなの話を聞いたり、作業の手伝いをしたり、サポーターとして活やくしているみたい。親身に打ち明け話を聞いてくれるから、やさしいお姉さんとしてたよられているはず。

サポーターの注意POINT
お人好しなあなた。みんなの意見を尊重して自分のことをあと回しにしないように注意。

テスト3 おつき合いの きっかけ診断
友だちの輪を広げよう！

スタートから質問を読んで、
当てはまる答えを選んで進んでね。

START

---

1 みんなで集合写真を撮ろう！ あなたはどの位置に並ぶ？

最前列→ 2 へ
2列目か3列目→ 3 へ

---

2 きんちょうすると顔が赤くなる女の子。どう思う？

かわいい→ 5 へ
こっちまで、きんちょうしちゃう→ 4 へ

---

3 1人で外に出かけるなら、どこに出かける？

ショッピングモール→ 6 へ
図書館か公園→ 5 へ

---

4 大人になったら、やってみたいことは？

好きなものを好きなだけ買う→ 7 へ
好きなものを好きなだけ食べる→ 8 へ

Part 2 《フレンド★本音診断》

8
絶対に宝クジが当たる指輪だって。買う?

買う→ □ へ
買わない→ □ へ

5
メッセージカードの最後にかくなら、どっちのマーク?

★→ □ へ　♥→ □ へ

9
外がガヤガヤ。有名人が近くにいるらしい!?

見に行く!→診断結果Ⓐ
興味なし!→診断結果Ⓑ

6
知らない場所に出かける前は?

ドキドキ、きんちょう→ □ へ

ワクワク、楽しみ→ □ へ

10
今日は1人で留守番。何をしようかな?

読書→診断結果Ⓒ
ゲーム→診断結果Ⓓ

7
幽霊を見ちゃった!どうする?

だれかに相談→ □ へ
ヒミツにしておく→ □ へ

←←診断結果は次のページだよ★

75

きっかけは？？

A　自分から話しかけよう！

積極的でハキハキ話すあなたは、自分からまわりのクラスメイトに声をかけるのがおすすめ。今まで話したことがなかった子とも、すぐに打ち解けるはず。まずはあいさつから始めてみて！

新しい友だちと出会うおまじない

夜ねる前に左手の甲に、右手の人差し指で☆を3回かいてね。そして、左手を上にあげてからねむると、新しい友だちに出会えるよ。

B　シュミをひろうしてみよう！

あなたの好きなことやシュミを、クラスのみんなにひろうしてみよう。そのことがきっかけになって、友だちの輪が大きく広がるよ。気の合うステキな女の子と、友だちになれるはずだよ。

新しい友だちと出会うおまじない

右手の中指のツメに、オレンジのペンで★をかいて。その★を見るたびに「フレンドスター」と唱えると、友だちが増えるよ。

76

診断結果3 友だちができる

C 勉強をがんばってみよう！

あなたが新しい友だちに出会うきっかけは、ズバリ勉強！ 宿題や予習復習にがんばって取り組むと、ステキな出会いが訪れそうだよ。ニガテなところを教え合って、成績がアップしちゃうかも!?

新しい友だちと出会うおまじない
カレンダーのウラに赤いペンで♡をかいて。そのあとで『エール、エール、エール』と唱えれば、新しい友だちに出会えるはず。

D スポーツに取り組んでみよう！

今まで以上にスポーツに取り組むことで、新しい出会いが訪れそう。運動がニガテなら、家の近所を散歩するだけでもOK。ずっとあなたと話してみたかった子と、仲良くなれるチャンスがくるはず。

新しい友だちと出会うおまじない
出かけるときは先に右足からクツをはいて、かかとをトントントンと3回打ちつけて。ステキな友だちができちゃうよ。

テスト4 あなたと仲良くなりたい子 Check!

早く気づいて！

質問を読んで、選んだ答えで最後に計算してね。

---

3 友だちといっしょに、花火をするならどれ？
a ロケット花火
b 線香花火
c しだれ花火

START 1 遠くはなれた場所にいる友だちに、ポストカードを送るなら？
a 動物のポストカード
b 花のポストカード
c 風景のポストカード

---

4 夜中にどこからか物音が！ 何が起きた!?
a オバケが出た
b どろぼうが入った
c ネコのしわざ

---

2 1つだけ、流れ星に願い事をするなら？
a カワイくなりたい！
b お金持ちになりたい！
c 彼がほしい！

7
今日は夏祭り！ 屋台で食べるなら、どれ？
a タコ焼き
b ベビーカステラ
c かき氷

5
リレーでアンカーをすることに。どんな気持ち？
a イヤだな……
b がんばろう！
c ズル休みしよう

8
これは不思議なボトル。その効果は何？
a お金がわき出す
b 宝石が出てくる
c 妖精が住んでいる

6
着くるみを着るなら、どれがいい？
a クマ
b ウサギ
c ゆるキャラ

診断方法

選んだ答えを下の表に当てはめて、合計点を出してね。

32点以上 → 診断結果 A
24〜31点 → 診断結果 B
16〜23点 → 診断結果 C
15点以下 → 診断結果 D

8	7	6	5	4	3	2	1	
5	1	5	1	3	1	5	3	a
1	5	3	5	5	3	1	5	b
3	3	1	3	1	5	3	1	c

←← 診断結果は次のページだよ★

Part 2 《フレンド★本音診断》

79

なりたい子はどんな子？？

B 尊敬してくれる！
妹的存在

あなたのことを尊敬してくれている、妹のような存在の子を探してみて。その子こそ、あなたと友だちになりたがっている女の子。まるで本当の姉妹のように、何をやっても息が合う、いいコンビになれるはず。

要check! 出会える場所

家庭科室や視聴覚室で、出会うことができそうだよ★

A 成長し合える！
ライバル的存在

おたがいに成長し合える、ライバルのような存在の女の子が、あなたと友だちになりたがっているみたい。スポーツも勉強も、いっしょだとどこまでもがんばれちゃう。なくてはならない親友になれそう。

要check! 出会える場所

体育館やグラウンドで、出会いのチャンスが訪れるよ！

診断結果 4 あなたと仲良く

Part 2 フレンド★本音診断

D 支えてくれる！
お姉さん的存在

なやみ事を聞いてくれたり、相談に乗ってくれる、お姉さんのような存在の子が、あなたと友だちになりたがっているよ。勇気を出して、あなたから話しかけてみて。相性バツグンだから、すぐに仲良くなれるはず。

要check! 出会える場所

出会いは保健室や階段の近くに、ねむっていそうな予感★

C 教えてくれる！
先生的存在

勉強や宿題を教えてくれる、先生のような存在の子が、あなたの友だち候補。2人でいっしょに過ごしていると、好きなものやシュミが似ていることに気づくはず。そこから、キズナが深まっていきそう！

要check! 出会える場所

音楽室や職員室で、バッタリ出会うことができちゃうはず♪

テスト5 友情ステップアップ法診断
友だちから親友へ！

質問を読んで当てはまる答えを選んで進んでね。

START

クリスマスにコスプレパーティーするなら？
- a サンタクロース
- b トナカイ

街中で写真を撮ろうとしたら、ジャマが入った！ それは何？
- a 虫
- b イヌ

今日は友だちの誕生日。何をプレゼントする？
- a おそろいのポーチ
- b おそろいのヘアアクセ

お守りを買うなら、どっちを買う？
- a 恋愛のお守り
- b 勉強のお守り

診断結果 A

おみくじを引いたら、凶だった！ どうする？
- a もう1回引く！
- b あきらめる

1つだけ選ぶとしたら、どっち？
- a 3時間だけ、お金持ちになれる
- b 3日間、ねなくても平気になる

診断結果 B

イヌとネコならどっちが好き？
- a イヌ
- b ネコ

かわいい箱をもらったよ。何を入れる？
- a アクセサリー
- b 思い出の品

診断結果 C

玉手箱をもらうなら、どっち？
- a 大きい玉手箱
- b 小さい玉手箱

今から1分だけ、とうめい人間になれたら何をする？
- a イタズラしちゃう
- b 何もしない

診断結果 D

← ← 診断結果は次のページだよ★

なる方法は？？

A 助け合いを心がけよう！

あなたは負けずギライで、少し主張が激しいタイプ。自分のことばかり話したり、自分のやりたいことばかり優先すると、友情はそこでストップしちゃう。親友になりたい友だちがいたら、助け合いを心がけるともっと仲良くなれるはずだよ。「だいじょうぶ？」と積極的に声をかけてあげて！

B イベントを計画しよう！

だれとでも会話を楽しめる、気さくなあなた。だからこそ「この子は特別！」と思う友だちがいたら、わかりやすくアピールすることが大事だよ。誕生日パーティーを計画したり、クリスマスにプレゼント交かんをしたり、2人でいっしょに楽しめるイベントを計画するのがおすすめ。

診断結果 5 友だちから親友に

C 同じ目標をもとう！

あなたは目的があると、いつも以上にはり切ってがんばれちゃうタイプ。親友になりたい友だちがいたら、いっしょに宿題をしたり、スポーツに取り組んだりはもちろん、好きなアイドルを応援するのも◎。同じ目標に向かって努力する間に、自然とキズナが深まっていくよ。

D 手紙で気持ちを伝えよう！

ちょっぴりシャイで、引っこみ思案なあなた。友だちから親友になりたい子がいたら、手紙で気持ちを伝えるのがおすすめ。面と向かっては言えないことを、言葉にして伝えてみよう。あなたの素直な気持ちが伝わって、仲がもっともっと深まるはず。交かん日記も◎。

テスト 6

ピンチをお助け！ フレンド トラブル解消法

このイラストは、休み時間の教室をえがいたもの。質問に答えながら進むと、トラブル解消法がわかるよ。

① これは何時間目のあとの休み時間だと思う？
2時間目のあと→2へ
3時間目のあと→3へ

② 窓際にいる男の子は何を見ていると思う？
かわいい女の子→4へ
グラウンドにいる友だち→5へ

③ 黒板を消している女の子の今の気持ちは？
先生、字が下手だな→5へ
おなかすいたな……→6へ

86

ねむそうな男の子、どうしてたと思う?
昨日、おそくまでゲームをしていた→へ
なやみ事があって、ねむれなかった→へ

次の時間は、何の授業だと思う?
算数→へ
国語→へ

教室に男の子が訪ねてきたよ。何の用だと思う?
教科書を借りにきた→診断結果 Ⓐ
彼女に会いにきた→診断結果 Ⓑ

教室の後ろにいる女の子に注目。彼女のシュミは?
読書→診断結果 Ⓒ
スポーツ→診断結果 Ⓓ

←←診断結果は次のページだよ★

友だちとのトラブル解消法は？？

診断結果 6

C メール＆手紙で伝えて

友だちとトラブルになったら、メールか手紙で気持ちを伝えるのが◎。深呼吸をして、冷静になって気持ちを伝えてね。

A きちんと話し合う

友だちとの間にトラブルが起きたら、きちんと話し合いをしよう！ズルズル先のばしにせず、すぐに対応することが大切。

D 時間をおく

トラブルが起きたらすぐにあやまらないで、時間をおいてみて。気持ちが落ち着いたころ、向こうからあやまってもらえるよ。

B 友だちに間に入ってもらう

おすすめのトラブル解消法は、別の友だちにケンカしちゃった友だちとの間を、取り持ってもらうこと。仲直りできるはず。

テスト7 マンガでわかる！友だちの本音診断

マンガを読んで、友だちの行動を予想してみよう。友情に関する本音があばかれちゃうはずだよ！

学校に登校するものの、忘れ物に気づく女の子。本音を知りたい友だちは、忘れ物をしたとき、どうする？

だれかに相談する →　　へ

先生に聞かれるまで言わない →　　へ

家に忘れた教科書を、となりのクラスに借りに行く女の子。本音を知りたい友だちは、他のクラスに仲良しの子がいる？

いる→ P92 へ

いない、または知らない
→ P93 へ

注意されてムスッとしている女の子。本音を知りたい友だちは、考えていることが顔に出るタイプ？

出る
→ 診断結果 C (P92へ)

出ない
→ 診断結果 D (P93へ)

仲良しの子に忘れ物を借りて、お礼を言う女の子。本音を知りたい友だちは、借りたものはすぐに返す？

返す
→ 診断結果 A（P95 へ）

返さない
→ 診断結果 B（P95 へ）

忘れ物をしてしょんぼりしている女の子。本音を知りたい友だちは、落ちこんだとき、どんな感じ？

1人でドヨーンとしている
→ 診断結果 B （　　へ）

友だちになぐさめてもらう
→ 診断結果 D （　　へ）

忘れ物をしたことが先生にバレて、注意される女の子。本音を知りたい友だちは、先生に怒られたらどんな感じ？

ムスッとしている
→ P91 へ

しょんぼりしている
→ P93 へ

診断結果 7

気になる友だちの本音は??

A 友だちをひとりじめしたい！

あなたの気になる友だちは、独占欲が強いタイプみたい。「他の子と仲良くせずに、私と2人で話そうよ！」って、友だちをひとりじめしたいのかも。彼女と仲良くなりたいなら、かくし事はしないで、オープンにつき合うことが大切。もちろんウソはNGだよ！

B いつも友だちといたい！

いっしょに行こう！

1人でいることが、さびしくってガマンできない彼女。いつでもどこでも、友だちといっしょにいたいタイプみたい。彼女と仲良くなるコツは、どこかに行くときは声をかけてあげること。「いっしょに◯◯に行こうよ！」ってさそうと、喜んでくれるはず。

C みんなと仲良くしたい！

あなたの気になる友だちは、社交的なタイプ。特定の人と親しくするより、みんなと仲良くなりたいみたい。彼女ともっとキズナを深めたいなら、相談されたときに親身になって聞いてあげることが大事。「そうだよね。わかるよ」と共感することを、心がけてみて！

D 1人でもだいじょうぶ！

彼女はどちらかというと、1人でも平気なクールタイプの女の子。ベタベタした友だちづき合いより、サッパリしたつき合いが好みみたい。もっと仲良くなりたいなら、彼女のタイミングに合わせるのが一番。集中しているときは、ジャマをしないように気をつけて。

ドキドキ＆キュンキュン

Part 3

運命の恋♡診断

あなたはこれから、いったいどんな恋に落ちると思う？　ロマンチックな恋、ドラマチックな恋、それとも親友同士みたいなフレンドリーな恋？　あなたの恋愛傾向や、好きになるタイプの男の子。効果◎の恋のアプローチ法も、心理テストならバッチリ診断できちゃうよ！

LOVE診断

恋の「？」を心理テストがズバリ診断

スタートから始めて、当てはまる答えを選んで進んでね。
ⓐ → ⓑ →

Start

好きな人に言われたくない、イヤなセリフは？

- ⓐ オレのこと好きなら、これくらいのことできるよね
- ⓑ 何でも言うこと聞くから、つき合ってください

あなたがイヌだったら、飼われたいのはどっち？

- ⓐ ひと目で気にいってくれた人
- ⓑ じっくりなやんでから決めた人

アルバイトをするならどっち？

- ⓐ 制服がカワイイけど、家から遠いお店
- ⓑ お金がたくさんもらえる、家から近いお店

コレマズイね

むぐむぐ

あなたの好きな食べ物を「マズイ」と言われたら？

- ⓐ 別に気にしない
- ⓑ イヤな気分になる

テスト1
どんな男の子とどんな恋をする？

あなたが落ちる運命の恋は、どんな恋？

Part 3 運命の恋♡診断

診断結果 A ←

診断結果 B ←

診断結果 C ←

診断結果 D ←

よく当たる占い師に占ってもらいたいのは？

- ⓐ 今現在のこと
- ⓑ 未来のこと

←

1つだけ魔法が使えるなら、どっちがいい？

- ⓐ 本当にピンチのときだけ、ヒーローが助けに来る
- ⓑ 1センチだけ、宙にうくことができる

「ういてる!!」
↕ 1センチ

←

空白のところに入る言葉はどっち？

約束は □ るもの

- ⓐ 守
- ⓑ 破

←

困っているときに、言われたらうれしいのは？

- ⓐ 「手伝えることは何かない？」
- ⓑ 「あなたなら解決できるよ」

←

診断結果は次のページだよ★

99

運命の恋&彼をチェック！

尊敬から始まる大人の恋 ♡

あなたは、愛されるよりも愛する恋で、幸せになれるタイプだよ。あなたのまわりに、尊敬できる男の子はいない？ 彼の才能や性格を「すごい！」と尊敬する気持ちが、恋の始まるきっかけになりそうな予感♡

才能キラリ☆個性派男子

運動神経がバツグンだったり、芸術的な才能があったり。クラスで、めだつ男の子をチェックしてみよう。マネのできない特技をもつ子も、運命の彼候補！

恋の始まるタイミング&恋のラッキースポットは？

恋が本格的にスタートするのは、春か秋。恋のラッキースポットは、学校なら図書室や音楽室、学校以外なら映画館や美術館だよ。

100

診断結果 1

B 友情から始まる フレンドリーな恋♡

Part 3 運命の恋♡診断

まるで親友のように何でも話せて、だれよりもあなたのことをわかってくれる男の子が、理想のパートナー。気の合うクラスメイトや男友だちのことが、いつの間にか気になり始めて、恋がスタートする可能性大！

同じ夢をえがく♪ ポジティブ男子

いつも前向きで、夢や目標をもっている男の子がいたら要チェック。シュミや興味が似ていたら、運命の彼にまちがいなし！　応援している間に恋が芽生えるよ。

恋の始まるタイミング＆恋のラッキースポットは？

恋がやって来るタイミングは、春か夏。恋のラッキースポットは、学校ならグラウンドか教室、学校以外ならテーマパークだよ。

やさしさから始まる いやされる恋 ♥

イヤなことや落ちこむことがあったとき、そばでやさしくはげましてくれた彼と恋に落ちそう♡ 大きな愛情に包まれてホッとしたとき、「私って、彼のこと好きなのかも」と初めて自分の気持ちを自覚するはず。

悪いやり◎ いやし系男子

あなたの恋の相手は、気配り上手で思いやりがある男の子。大人っぽくて落ち着いたフンイキの持ち主だよ。いやされる、やさしい笑顔がミリョク的！

恋の始まるタイミング＆恋のラッキースポットは？

恋の始まりは秋か冬だよ。恋のラッキースポットは、学校なら体育館か図書室、学校以外ならショッピングモールか図書館みたい。

D ときめきから始まる ピュアな恋 ♥

Part 3 運命の恋♥診断

出会った瞬間から、好きじゃないはずなのに、なぜか気になってしかたがない男の子はいない？ その彼こそ、あなたの運命の恋の相手！ いつまでもドキドキが続くような、フレッシュでピュアな恋ができるはず。

正義感が強い ヒーロー男子

相手はどんな男の子？

彼は曲がったことがニガテで、正義感が強い人。みんなからリーダーとして、たよられているタイプ。男らしい性格だけど、ナミダもろいところもあるみたい。

恋の始まるタイミング＆恋のラッキースポットは？

恋が始まるのは、夏＆冬のタイミング。恋のラッキースポットは、学校なら教室か、音楽室。学校以外なら水族館か博物館だよ。

㊙恋ルール

恋の㊙ルールを、チェックしよう

スタートから始めて、当てはまる答えを選んで進んでね。

ⓐ → ⓑ →

Start

カメを助けたお礼に、竜宮城へ招かれたよ。見たことがない料理でもてなされたけど、何から食べる？

- ⓐ おいしそうなメインの料理を食べる
- ⓑ 食べられそうなものだけ食べる

↓

すごい行列ができているケーキショップ。あなたは……？

- ⓐ 並んでまで食べたくないな
- ⓑ 絶対に食べてみたい

↓

生まれかわるとしたら、どっちがいい？

- ⓐ 陸の生き物
- ⓑ 海の生き物

↓

マンガを読むなら？

- ⓐ 少女マンガ
- ⓑ 少年マンガ

↓

あなただけが知っている真実。言わないと世界が滅び、言ったら友だちを失う。さあ、どうする？

- ⓐ 真実を言う
- ⓑ 言わない

104

テスト2
恋の価値観あばきます！

あなたの

恋をしたら　あなたはどうなる？

Part 3 運命の恋♡診断

診断結果

診断結果

診断結果

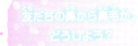

友だちの鼻から鼻毛が。どうしよう？

- **a** 「鼻毛出てるよ！」と言う
- **b** 言いたいけど言えない

宝石をプレゼントでもらうなら？

- **a** デザインが気に入ったもの
- **b** 一番高級なもの

車に乗るなら？

- **a** じまんできる高級車
- **b** 便利なワゴン車

診断結果

診断結果

デートに着ていく洋服がない！どうする？

- **a** 友だちか家族に借りる
- **b** すぐに買いにいく

友だちに連絡するなら？

- **a** 電話
- **b** メール

➡ 診断結果は次のページだよ★

105

恋の㊙ルールをチェック！

診断結果2

A 恋にルールはない！

もともと「ルール？ 何それ？」というタイプのあなた。決まりごとにしばられるより、自由に恋することを選ぶ人だよ。三角関係もあり、フタマタもあり。ウワキもありだし、年の差も身分差もOK！ そのときの気分で、恋を楽しんじゃう♡

B 恋する彼こそルール！

いつもは自分のことは自分でしっかり決めるのに、恋に落ちたら、全部彼まかせになるあなた。ファッションや食事の内容、シュミも出かける場所も彼にどっぷり影響されて、恋する前とあとでは、まるで別人のようになっちゃうかも!?

106

C 恋にも常識！

あなたは生まれつきバランス感覚にめぐまれていて、どちらか一方にかたよることがあまりないタイプ。だから、どんなに情熱的な恋に落ちても、ふだんとあまりかわらないかも。「私は私、彼は彼」と、自分の中で線引きがしっかりできる人だよ。

D 恋はマニュアル！

研究熱心な性格で、こだわりが強いあなた。そんなあなただから、恋をすると、とにかく恋愛マニュアルを読みふけっちゃう。「絶対に失敗したくない！」という気持ちが強いせいで、スケジュールも分刻みで立てないと不安になるタイプ。

E 理想がルール！

あなたは純粋で、つねに目標に向かって一歩一歩前進する人。「私の恋はこうあるべきだわ！」と理想を決めたら、それに向かって一心不乱に突き進むタイプ。バツグンの行動力で、どんどん理想をかなえるけど、ちょっと思いこみが激しいかも……？

クポイント診断

Q1 次の文章を読んで、空いているところにどんな言葉が入るか、下の あ〜え から選んでね。

彼は「　あ　」と言った。
「　い　」。
私は、うれしくてうなずくだけで、返事はできなかった。
夜になってから、親友のエミに打ち明けると「　う　」と言ってくれた。
私はエミの顔が「　え　」ことに気づかなかった。

え に入るのは？
a 怒っていた
b 泣いていた
c おどろいていた

う に入るのは？
a よかったね
b やったね！
c 信じられない

い に入るのは？
a 好きだ
b つき合って
c おまえだけだ

あ に入るのは？
a 私の目を見つめて
b 下を向いたまま
c 視線を合わせずに

テスト3 恋のウイー

今のあなたに足りないのは？

Q2
これは破られた手紙です。4つの言葉を空いているところに当てはめて、元の状態に戻してください。

Part 3 運命の恋♡診断

「愛して」
「にくんで」
「忘れて」
「求めて」

本心を言えば、あなたのことは_____いた。けれどあの事件があってから、自分で自分の気持ちがわからなくなって、今はあなたのことを_____いる。でもあなたは彼女を_____いる。あなたは彼女を彼女はあなたを_____る。どうしたらいいの……。

診断方法
あなたが選んだ ____ と ____ の問題の答えに、 a はいくつあった？
選んだ a の数で診断結果がわかるよ。

- a が4つ以上 …… 診断結果 1
- a が3つ …………… 診断結果 2
- a が2つ …………… 診断結果 3
- a が1つ以下 …… 診断結果 4

質問
一番最後に選んだ言葉は、どれ？

- c 忘れて
- a 愛して
- d 求めて
- b にくんで

▶ 診断結果は次のページだよ★

あなたの恋のウィークポイントは?

必死になるほど、失敗する……

想像力不足かも!

あなたに足りないものは、想像力。自分の気持ちだけでいっぱいになってしまって、相手がどう感じたか、何を考えているのか思いやることができていないみたい。

弱点こくふく法　客観的になって

彼の態度や様子が「おかしいな?」と思ったら、すぐに友だちに相談するか、彼に直接聞くことが大事。思いこみが消えて、トラブルもなくなるはず。

不安になって、失敗する……

ガマン不足かも!

あなたは恋をすると、少し不安定になるタイプだよ。どんなに関係がうまく行っていても、不安のせいでガマンできず、変な行動を取ってしまうみたい。

弱点こくふく法　キズナの強さを信じて

彼のことを好きな気持ちや、彼自身のことをもっともっと信じることが大切だよ。どんなことがあっても、信じる強さがあれば、恋は長続きするはず♡

がまん…

診断結果 3

> あれこれ迷って、失敗する……

決断力不足 かも!

あなたはためらいやはじらいで、チャンスをのがしやすいタイプ。「キラわれたくないし……」と思うあまり、言いたいことをガマンしていることが原因だよ。

> どうしよう…

弱点こくふく法 気持ちを伝えよう

考えていることや感じたことを大事にして、彼に伝えてみよう。面と向かって直接言いにくいことは、手紙やメールで伝えてみるのがおすすめ。

> すぐあきらめて、失敗する……

実行力不足 かも!

じつは、めんどうくさがり屋なあなた。欲望や願望があまりなく、相手の意見に流されがち。自分で考えるより楽と思って「はい、はい」ばかりになっちゃう。

弱点こくふく法 自分から行動しよう

好意を伝えることを目標に、自分から彼に話しかける努力をしてみよう。1人だときんちょうするから、友だちといっしょに話しかけるのも。

診断

マンガを読みながら、質問に答えてね。
最後に点数を計算すると
あなたの恋のミリョクがわかるよ

Q1 記憶喪失だけど、彼がいることがわかったら?
a とりあえず、つき合う
b 急に言われても困る
c うれしい!

Q2 彼との出会いは何だったと思う?
a ナンパされた
b 友だちのしょうかい
c 学校が同じ

Q3 迷ったときは、あなたならどうする?
a ずっとなやんじゃう
b いい方法を考える
c 無理に考えない

テスト4 あなたのミリョクは？ 恋のミリョク

Part 3 運命の恋♡診断

診断方法

下の表から選んだ答えの点数を探して、合計点を出してね。

	a	b	c
	1	3	1	2	2
	1	2	1	3	1
	3	2	1	3	1

※表の数値は画像を参照

5〜7点 …… 診断結果 ①
8〜10点 …… 診断結果 ②
11〜13点 …… 診断結果 ③
14〜15点 …… 診断結果 ④

Q4 これから先の展開はどうなる？
a 思い切って声をかける
b 彼のところに戻る
c ここで一気に記憶が戻る

Q5 気になった男の子の正体は何だと思う？
a 記憶をうばった犯人
b じつはこの人が本当の彼
c ぜんぜん関係ない人

▶ 診断結果は次のページだよ★

113

あなたの恋のミリョクは?

雨にぬれた子イヌタイプ A

雨の日に、ずぶぬれになってふるえている子イヌのように、あなたには放っておけないミリョクがあるよ。思わず守ってあげたくなる、けなげなところが男の子のハートをドキッとさせているみたい♡

ミリョクUPのキーワード
大事な決断は自分で

最初から最後まであまえるのではなく、メリハリをつけてたのむことが大切。大事な決断は自分でする、行動力をアピールしよう。

気ままな子ネコタイプ B

人の言いなりにならず、しっかり自分の意見をもっているあなた。その姿はまるで、なかなか人になつかない子ネコのよう。自分の思いどおりにならなさそうな気ままさが、あなたの恋のミリョク!

ミリョクUPのキーワード
高飛車な態度はNG

自分の意見を主張することと、ワガママを言うことは別ものだよ。そこをまちがえると、つき合いにくいと思われちゃいそう。

114

診断結果 4

C 自由に羽ばたく小鳥タイプ

空を飛びまわる小鳥のような自由さと、のびのびした様子がミリョク的なあなた。背伸びをしたり、いい子ぶったりするとミリョクが半減に。ナチュラルな姿勢を大切にすることが、恋を育むコツ。

素直になろう

自分の気持ちに素直になり、だれに対してもウソをつかないことがミリョクがアップするヒケツに。みんなからの注目度も上がるはず。

D マイペースな子ウサギタイプ

あなたは、マイペースな子ウサギタイプ。人に流されず自分の個性を大切にするから、好きになった人によって恋愛観がかわることはなさそう。そんな個性的なところが、人気のヒミツ！

共通の話題を探そう

無理に相手に合わせる必要はないけど、共通のシュミや話題があると、注目度がアップして、恋の進展がよりスムーズだよ！

度診断 あなたが恋をしたら、友だちのことはあと回し……？ 優先順位がどうかわるのかチェックしてみよう

ものにチェックを入れてね。

- ☐ 好きな色を聞かれたら、迷わずに答えられる
- ☐ 人におすすめされたら、素直に試すタイプ
- ☐ ひと目ぼれすることが多い
- ☐ どんなに悲しいことがあっても、ご飯は食べる
- ☐ キライな食べ物でも、出されたら食べる
- ☐ 音楽をかけながら、勉強することができる
- ☐ 持ち物に名前をかいたり、シールをはるのが好き
- ☐ パズルゲームやオセロが好き。または、得意だ
- ☐ どんなにムカついても、その場ではガマンする

テスト5 恋の重要

恋をしたら、友情優先？恋優先？

質問を読んで、当てはまる

- ☐ ハッピーエンドの映画やマンガが大好き
- ☐ 人と話すときは、聞き役にまわることが多い
- ☐ どんなにケンカをしても、あいさつはする
- ☐ そうじが好きで、整理整とんが得意なタイプ
- ☐ 少女マンガの主人公に、イライラすることがある
- ☐ 理科や算数より、国語のほうが好き
- ☐ ドラマや映画を観て、よく泣くタイプだ
- ☐ いつもご飯はおなかがいっぱいになるまで食べる

診断方法

チェックの合計数で
診断結果がわかるよ。

- 14～17点 ……… 診断結果 A
- 10～13点 ……… 診断結果 B
- 6～9点 ………… 診断結果 C
- 1～5点 ………… 診断結果 D

診断結果は次のページだよ★

あなたの恋の重要度は!?

A 重要度 90%

あなたは、恋愛を第一に優先するタイプ。家族との約束や、友だちと遊ぶことより、彼といっしょにいることを選んじゃいそう。一日中、彼のことばかり考えて何も手につかなくなることも!

バランスアップのヒケツ☆
気持ちを切りかえて
恋を大切にすることはステキなこと。でも、そのせいで他に悪い影響が出るのはNG。上手に気持ちを切りかえて。

B 重要度 60%

あなたは、恋愛をとても大切にしているけど、同時に他のことに対しても、同じくらいの力を注ぐことができる人。恋も勉強もバランスよく大切にして、両立させるのが得意なタイプだよ。

バランスアップのヒケツ☆
今の状態をキープ!
「どちらか1つに集中すれば、もっとうまくいくかも?」なんて考えず、今の状態をキープすることが大事★

118

診断結果 5

C 重要度 40〜80%

何事に対しても、熱しやすく冷めやすいあなた。恋愛に夢中になるときもあれば、勉強に集中したり、はたまたシュミに熱中したりと、大切なことがコロコロかわるタイプだよ。

バランスアップのヒケツ☆
やるべきこともやろう

「楽しい！」と思うことを優先しながら、やるべきこともこなすのが◎。時間を決めて取り組んでみよう。

D 重要度 30%

恋愛よりも、べつにもっと大切なものがあるあなた。恋愛はあくまでも「生活の一部」と考えていそう。小説やマンガも恋愛をテーマにしたものより、別ジャンルのほうが好きなタイプ。

バランスアップのヒケツ☆
友だちと恋の話を

「もっと恋を大事にしたい！」と思うなら、友だちの恋バナを聞くのが◎。恋したい気持ちが高まるはず。

Part 3 運命の恋♡診断

のアプローチ法

んで、スゴロクを進めてね。

START

いきなり「朝ご飯を作って！」と言われたら、何を作る？
- ⓐ 和食 → 1コマ進む
- ⓑ 洋食 → 2コマ進む

明日の天気を自由にコントロールできるなら？
- ⓐ 雨にする → 1コマ進む
- ⓑ 晴れにする → 2コマ進む

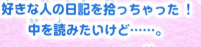

道で倒れている人を発見！どうする？
- ⓐ 救急車を呼ぶ → 2コマ進む
- ⓑ 大人を探す → 1コマ進む

好きな人の日記を拾っちゃった！中を読みたいけど……。
- ⓐ ガマン！ → 2コマ進む
- ⓑ 読んじゃえ！ → 3コマ進む

テスト6 恋したとき

どうやって彼をふり向かせる？

診断方法 スタートから質問を読

Part 3 運命の恋♡診断

落とし物をしちゃった！どうしよう……。
- ⓐ 1人で探す → 診断結果 **C** へ
- ⓑ だれかに聞く → 診断結果 **D** へ

おいしくない料理を食べたとき、あなたの反応は？
- ⓐ だまって食べる → 1コマ進む
- ⓑ 「マズイ」と言う → 2コマ進む

友だちがテレビに出てる！どうする？
- ⓐ 電話しちゃう → 1コマ進む
- ⓑ 何もしない → 診断結果 **B** へ

タイムスリップできるなら、どっちに行きたい？
- ⓐ 過去 → 1コマ進む
- ⓑ 未来 → 診断結果 **A** へ

診断結果は次のページだよ★

診断結果 6 あなたの恋のアプローチ法は？

C 臨機応変タイプ

相手の男の子の好みに合わせて、自分のアプローチ方法も自由にかえることができる、とても器用なあなた。入念に計画を立てるタイプだよ。

A 引っこみ思案タイプ

好きになっても、気持ちを表に出すのがニガテなあなた。自分から告白なんて考えられないはず。気になる彼を、見つめるだけの日々が続きそう。

D じわじわタイプ

いきなり告白するのではなく、少しずつキョリを縮めていくあなた。相手が告白に「YES」と返事してくれるまで、タイミングをじっと待つタイプ。

B 一点集中タイプ

好きになったらまっしぐら！ すぐに気持ちを伝えたくなって、相手がまだあなたのことをよく知らなくても、とにかくアプローチするタイプ。

究極の2択！
あなたの恋の○○度診断

恋愛に関する　あなたの○○度をチェック！
思いもよらない　意外な結果がわかるかも……⁉

Part 3 運命の恋♡診断

テスト 7

デートの待ち合わせをするなら、
どっちにする？

- A 駅の改札
- B 駅の近くにある銅像の前

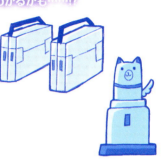

テスト 8

遊園地に到着。最初に乗る
アトラクションは？

- A 3時間待ちだけど、
  一番人気のアトラクション
- B すぐに乗れるけど、あまり
  人気がないアトラクション

テスト 9

彼のニガテなものを知ったときの、
あなたの反応は？

- A ちょっとガッカリ……
- B ニガテなものはだれにでもある

➡ 診断結果は次のページだよ★

診断結果 7

このテストでわかるのは!?

男の子を見る目度

B 40%
やさしくされると、判断力がにぶるタイプ。「まぁ、いっか♡」って男の子のチェックがあまくなっちゃう。

A 70%
いろいろな角度から男の子を観察して、言動のウラまで読もうとするあなた。時間はかかるけど、見る目は◎！

診断結果 8

このテストでわかるのは!?

ヤキモチ度

B 80%
「シットしちゃいけない」と思いつつも、心の中でモヤモヤしちゃうタイプ。上手にストレス発散をしよう。

A 30%
シットをストレートに表現できるあなた。ヤキモチ強めに見えるけど、じつはサッパリとした性格だよ。

診断結果 9

このテストでわかるのは!?

片思い長引き度

B 20%
切りかえが早く、気が短いあなた。気になったらすぐに告白するから、片思い期間はかなり短め。

A 80%
「今の関係をこわしたくない」と片思い期間が長引くタイプ。幸せになるには、勇気を出すことも大事！

テスト10

気になる彼とおそろいの
アイテムを買うなら、どっち？

- Ⓐ キーホルダー
- Ⓑ 指輪

テスト11

行列に並んでいる
ときの気分は？

- Ⓐ 早く順番が来ないかな……
- Ⓑ あと1時間くらい並んでも平気！

テスト12

デートが終わって家まで
送ってもらったよ。どうする？

- Ⓐ 彼が見えなくなるまで見送る
- Ⓑ 近所の人に見られないよう、すぐ家に入る

ありがとー

診断結果は次のページだよ★

診断結果 10 このテストでわかるのは!? ひと目ぼれ度

Ⓑ 30%
外見よりも内面を重視するあなた。すぐに好きになるのではなく、じわじわ気持ちが高まるタイプ。

Ⓐ 80%
顔やスタイル、ファッションセンスなど、男の子の外見にこだわりがあるあなた。ひと目ぼれ度も高め！

診断結果 11 このテストでわかるのは!? 情熱度

Ⓑ 30%
少しずつ情熱度が上がっていくあなた。つき合い始めよりも、しばらく経ってからのほうが楽しくなるはず。

Ⓐ 80%
好きになったとたん、一気に情熱が高まるタイプ。気持ちが最高潮に達するのはつき合い始めの時期。

診断結果 12 このテストでわかるのは!?

Ⓑ 20%
過去は過去と割り切れるあなた。少し引きずることがあっても、新しい恋をしたら忘れちゃうタイプ。

Ⓐ 80%
一度好きになった人は、なかなか忘れられないあなた。新しい恋が始まっても、比べちゃうことがあるのでは？

テスト13
気になる彼に、急に手をにぎられたらどうする!?
- Ⓐ にぎり返す
- Ⓑ びっくりして、ふりはらう

テスト14
待ち合わせに5分チコクしちゃった！ どうする？
- Ⓐ 「ごめんなさい」とあやまる
- Ⓑ 「家を出たところで、ちょっと……」と言い訳する

テスト15
好きな人と写真を撮るなら、どこで撮る？
- Ⓐ 緑がステキな公園
- Ⓑ オシャレなカフェ

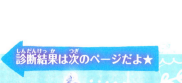

診断結果は次のページだよ★

診断結果 13

このテストでわかるのは!?
恋愛フェロモン度

B 80%
無意識のうちに、男の子をドキドキさせているあなた♡ 恋愛フェロモンがバンバン出ているみたいだよ。

A 20%
男の子をドキッとさせる、恋愛フェロモンは残念ながら低めみたい。ファッションの研究をするといいかも！

診断結果 14

このテストでわかるのは!?
かけ引き上手度

B 90%
あなたは、かけ引き上手なタイプ。ターゲットを見つけたら、恋になる前からグイグイかけ引きしそう。

A 40%
恋のかけ引きにあこがれているけど、実際はまだまだ。失敗をおそれずに、チャレンジすることが成長のコツ。

診断結果 15

このテストでわかるのは!?
恋のぶりっ子度

B 20%
男の子の視線は気になるけど、ぶりっ子はできないあなた。でも好きな人にだけは、ちょっと背伸びしちゃう。

A 80%
「モテたい！」という気持ちから、ついついぶりっ子しちゃうあなた。もはや無意識のレベルかも!?

てってい調査！ Part 4 気になる彼♡診断

おつき合いしているあなたも、好きな人がいるあなたも、初恋がまだのあなたも！　ステキな恋がしたいすべての女の子に贈る、気になる彼の取扱説明書だよ。彼の性格や、好きなタイプの女の子、ふだんは見せないウラの性格までわかるから、これさえ読めば、両思いまちがいなし！

テスト1 突げきインタビュー！彼はどんな男の子？

あなたの気になる彼は、いったいどんな男の子？
彼の性格やシュミ、好きな女の子のタイプを調査しよう♡

★診断方法★ 質問を1から読んで、彼ならどんな風にするか、想像しながら答えてね。

Q2 知らない女の子に、彼が告白されたら、どうすると思う？
- A はっきり断る
- B つき合っちゃう
- C 友だちからつき合う

Q1 彼が女の子をデートにさそうなら、どこへさそうと思う？
- A テーマパークで遊ぶ
- B 映画を観る
- C 街でショッピング

Q4 彼が女の子に告白するなら、どんな風にすると思う？
- A 手紙で伝える
- B 直接告白する
- C 電話で伝える

Q3 女の子から「カワイイよね！」って言われたら、彼はどう反応する？
- A 照れる
- B ムッとする
- C イヤがる

Part 4 気になる彼♡診断

Q6 大勢の人がいるところで、急におなかが鳴ったら、彼はどうすると思う？

- **A** 笑ってごまかす
- **B** 「おなかすいた！」と言う
- **C** だれかのせいにする

Q5 怒られているところを目げきされたら、彼はどうすると思う？

- **A** 無視する
- **B** 怒る
- **C** ふざける

Q8 女の子にフラれたあと、彼はどんな反応をすると思う？

- **A** 次の恋を探す
- **B** スポーツや勉強に打ちこんで忘れる
- **C** しばらく落ちこむ

Q7 ねむれないとき、彼は何をして過ごしていると思う？

- **A** ゲームで遊ぶ
- **B** テレビを観る
- **C** 何もせず、ぼんやりしている

診断結果の出し方

下の表を見て、選んだ答えの合計点を出して、診断結果を調べてね。

点数	診断	ページ
20点以上	診断 I	132ページ
17～19点	診断 II	133ページ
14～16点	診断 III	134ページ
11～13点	診断 IV	135ページ
8～10点	診断 V	136ページ

C	B	A		C	B	A	
3	2	1	Q5	3	2	1	Q1
2	3	2	Q6	1	1	3	Q2
2	2	3	Q7	1	3	1	Q3
2	3	2	Q8	1	3	1	Q4

131

気になる彼がどんなタイプか、インタビューして聞き出しちゃおう！

診断結果 1

診断 I 元気ハツラツな アクティブ BOY

教えて！ あなたはどんな男の子？

スポーツ大好き

自分では、行動的なところが長所だと思っているけど、先生からは「落ち着きがない」ってよく注意されるんだ。ジッとしていることが、すごくニガテなんだよね。

教えて！ 好きなタイプの女の子は？

明るくてカワイイ子

いっしょにいて「楽しい」と思える女の子が好き。笑顔が似合う女の子もいいよね。「話しかけたいな」って思わず、気になっちゃうんだ。

教えて！ シュミは何？

スポーツ＆ゲーム

シュミ……と言うか、好きなことはスポーツとゲームだよ。身体を動かすことが好きだから、アクション系のゲームをすることが多いかな。

Part 4 気になる彼♡診断

診断 II
ミステリアスな クール★BOY

教えて！ あなたはどんな男の子？

つねに冷静ちん着

まわりのみんなからは「落ち着いているね」って言われることが多いよ。意外と自分では、喜怒哀楽は激しいと思うんだけどなぁ。見た目だけで判断されると、ちょっと悲しい。

教えて！ 好きなタイプの女の子は？

やさしくておしとやかな子

ちょっとひかえ目で、気配り上手な女の子が気になる。自分1人でずっとしゃべってばかりの子や、質問ばかりしてくる子はニガテかも……。

教えて！ シュミは何？

読書＆ゲーム

大勢でワイワイするより、1人で静かに過ごすほうが好き。推理ゲームや謎解きゲームを始めると、時間を忘れるくらい熱中するよね。

133

診断 III

センスがバツグン
オシャレ BOY

教えて！ あなたはどんな男の子？

ファッションにこだわる

自分で言うのもはずかしいけど、センスがよくて流行にビンカンなタイプかな。人のマネをするのがイヤだから、自分らしいオシャレができるように、気をつけているんだ。

教えて！ 好きなタイプの女の子は？

行動的で話し上手な子

好きなタイプは、2人で楽しくおしゃべりができる子！ いっしょにウィンドウショッピングをして、おたがいにコーディネートのアドバイスがしたい。

教えて！ シュミは何？

ショッピング＆読書

雑誌で流行をチェックして、買い物に出かけるのがシュミ。マンガも好きだから、よく読むよ。バトル系のマンガとか、ミステリー系のマンガが好きかな。

134

Part 4 気になる彼♡診断

診断 IV
思いやり◎な いやし系 BOY

教えて！ あなたはどんな男の子？

気配り上手

みんなからは「やさしいね」って言ってもらえることが多いです。でも、自分のことよりも、まわりの人のことを優先しちゃうクセは、直したいなぁと思っているよ。

教えて！ 好きなタイプの女の子は？

おだやかでやさしい子

強引な子がニガテだから、おっとりした性格の子がタイプ。早口でしゃべられるとつかれちゃうし、ゆっくりしゃべってくれる子がいいな。

教えて！ シュミは何？

動物の世話＆料理

動物がすごく好きで、世話をすることがシュミ。散歩に行ったりご飯を作ってあげたり。みんなにはナイショだけど、お菓子作りも得意なんだ！

診断 V

知的なフンイキの スマートBOY

教えて！ あなたはどんな男の子？

問題解決が得意

ガリ勉じゃないつもりだけど、勉強したり考えたりすることが好きなタイプ。どうしたらうまくいくかなって、解決方法を考えることが得意で、人から相談されることも多いよ。

教えて！ 好きなタイプの女の子は？

マジメでしっかりした子

ハデな見た目の子より、落ち着いているマジメな子のほうが好き。おたがいに、ニガテな科目を教え合ったりできる子だと、うれしいな。

教えて！ シュミは何？

読書＆映画

読書と映画を観ることがシュミ。好きキライはよくないから、どんなジャンルの本も映画も、積極的に読む＆観るようにしているつもり。

Part 4 気になる彼♡診断

もっと知りたい！彼のウラの顔診断

行動やリアクションから、彼のウラの顔をてっていリサーチ！
意外な一面が見えてくるかも……!?

テスト3

ぼーっとしているときの、彼の口はどうなっている？

- A ポカーンと開いている
- B きちんと閉じている
- C せわしなく動いている

テスト2

顔の中で、彼がよくさわっているのはどこ？

- A くちびる
- B 鼻
- C 目やまゆげ

← 診断結果は次のページだよ★

このテストでわかるのは!?
彼の ウソつき度

診断結果 **2**

C
正直者

彼は正義感がとても強くて、かなりの正直者タイプだよ。「ウソをつく」ということ自体、そもそも思いつかないはず。

B
恋愛面では ウソつき!

ふだんは正直者なのに、恋愛のことになるとウソをつく彼。女の子に「カッコよく思われたい!」ってウソをついちゃうみたい。

A
なかなかの ウソつき!

小さなことから大きなことまで、すぐにウソをついちゃうタイプ。でも簡単にバレるウソばかりだから、イタズラのつもりなのかも。

このテストでわかるのは!?
彼の ウワキ度

診断結果 **3**

C
わりと ウワキ者!

彼は「来る者こばまず、去る者追わず」タイプ。女の子からさそわれるとどうしてもイヤと言えず、ついついデートしちゃうはず。

B
超イチズ!

どんなことがあっても、好きな女の子をうらぎらない彼。すごくイチズな性格だから、ウワキをすることはありえないよ。

A
かなりの ウワキ者!

スキあらば「もっとモテたい!」と、女の子に笑顔をふりまくタイプ。自分から積極的に、ウワキのチャンスを探しちゃう!

138

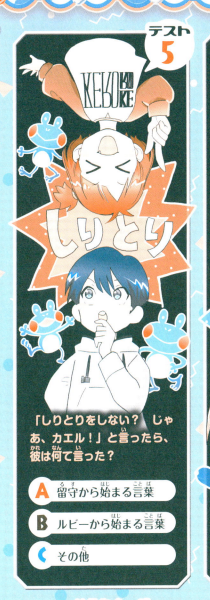

このテストでわかるのは!? 彼の あまえんぼう度

診断結果 4

C クール
彼は、あまえなくても平気なタイプ。彼女のほうからたよられたり、あまえられるほうが好きみたい。

A あまえんぼう
どちらかというと、あまえてもらうよりもあまえたいタイプ。友だちにもあまえることがありそう。

D 彼女にはあまえる
他の人の前では絶対に見せないけど、彼女の前でだけあまえんぼうになる彼。別人のように態度がかわりそう。

B 超あまえんぼう
彼は、かなりのあまえんぼう！ いつでもどこでも、彼女にべったりとあまえたいタイプだよ。

このテストでわかるのは!? 彼の ソクバク度

診断結果 5

C ソクバクしない
自分も自由でいたい彼は、ソクバクしないタイプ。何も気にしてくれないから、少しだけ物足りなく感じちゃったりして？

B ちょっとソクバクする
彼のソクバク度は、「今、何をしてるの？」とたまにメールをするくらいのレベル。しつこく聞いたりすることはなさそうだよ。

A かなりのソクバク好き
24時間、彼女が何をしているのか気になっちゃう彼。連絡が取れなくなると、心配してたまらなくなっちゃうタイプ。

140

テスト7

彼にウィンクしてもらって。目を閉じたのは左右どっちだった？

A 右目
B 左目
C ウィンクに失敗した

テスト6

彼に「一番、生まれかわりたくないのはどれ？」と聞いてみて。何て答えた？

A 蚊
B アリ
C ナメクジ

← 診断結果は次のページだよ★

このテストでわかるのは!?
彼のH度

診断結果 6

C
かなりH!?
彼のH度は意外とかなり高め！　女の子のいないところで、男友だちと下ネタを話したりして盛り上がっているのかも……!?

B
H度は低め
あまりHなことに興味がない彼。友だちがHな話題をふってきても、「ふーん」や「あっそう」でサッパリと終わらせちゃいそう。

A
むっつりスケベ
見た目はクールだけど、心の中ではけっこうHなことを考えていそう。でもだれかに話したり、下ネタで盛り上がることはないはず。

このテストでわかるのは!?
女の子への こだわり度

診断結果 7

C
性格にこだわる
彼は見た目よりも、性格を重視するタイプだよ。中身をしっかりとチェックしてから、仲良くなるか判断しているはず。

B
外見にこだわる
女の子の外見に、かなりこだわる彼。外見がカワイイ子はちょっと特別扱いして、他の子よりも少しやさしく接しちゃうタイプ。

A
こだわりゼロ
女の子へのこだわりは、あまりなさそう。どんな女の子に対しても、平等に話しかけて、特別にヒイキしたりしないタイプ。

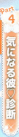

Part 4 気になる彼♡診断

テスト 9

彼がよくする行動は、次のうちどれ？

- A びんぼうゆすり
- B ツメをかむ
- C 髪の毛をさわる

テスト 8

彼にハイタッチをしかけてみよう！彼の手の位置はどこにあった？

- A 胸のあたり
- B 顔くらい
- C 頭くらい、頭よりも上
- D やってくれなかった

← 診断結果は次のページだよ★

このテストでわかるのは!?
彼のさびしがり屋度

診断結果 8

C
超さびしがり屋
超がつくほどの、さびしがり屋な彼。1人でいるくらいなら、ニガテな人とでもいっしょにいたいタイプ。

A
ちょっとさびしがり屋
部屋で1人ぼっちになると、電話やメールで友だちに連絡を取りたくなるくらいのさびしがり屋レベル。

D
1人でも平気!
彼は1人でもぜんぜん気にしないタイプ。サッパリした性格だから、さびしくて困ることはなさそう。

B
かなりのさびしがり屋
彼は、かなりのさびしがり屋みたい。1人ぼっちにならないように、いつも気をつけているはず。

このテストでわかるのは!?
彼の心配性度

診断結果 9

C
心配しない
彼は心配してウジウジなやむより、行動するタイプ。でも、行き当たりばったりなところがあるから、似たような失敗が多そう。

B
かくれ心配性
見た目はふつうだけど、じつはかくれ心配性な彼。注意深い性格だから、頭の中ではいろいろこれからのことを考えていそう!

A
かなりの心配性!
彼は、ガラスのハートの持ち主かも。いろいろなことを想像して、心配しすぎて最後には、ぐったりつかれちゃうタイプだよ。

144

テスト1 似合うのはどれ？
あなたのファッションタイプ診断

ふだんのあなたについて質問するよ！　直感で答えてね。

質問を読んで当てはまるほうに進んでね！

← a
← b

START

登校時間は？
a 早めに行く
b チコクギリギリ

休み時間、友だちと話すなら？
a 自分の席の近く
b 友だちの席の近く

トイレには？
a 友だちをさそって行く
b 1人で行く

おこづかいは？
a もらったら、すぐ使い切る
b 計画的に使う

好きなアイドルは？　と聞かれてパッとうかんだのは？
b 女性アイドル　　a 男性アイドル

146

似合うファッションがわかるよ！

健康的でかざらない
ヘルシータイプ A

あなたは明るく健康的な女の子。前向きでだれにでも同じように接するキャラクターがクラスでも人気。ロゴをあしらったトップスにショートパンツなど、健康的な肌見せが似合うよ。ミニスカでチアガールのようなイメージをプラスするとミリョクアップ♡

ラッキーバッグ

★ ショルダーバッグ ★

ショルダーバッグは、あなたのミリョクを引き出すラッキーアイテム。ふだんは肩にかけてアクティブに☆ 特別な日はストラップをはずして、ハンドバッグやクラッチバッグのように使うと、大人っぽさがアップ！

148

ギャップをねらった おじょう様♡

休日や特別なお出かけは、ギャップをねらっておじょう様っぽくまとめてみて。いつもの元気なあなたとはちがうフンイキにみんなドキドキ♡　ワンピースにストラップシューズを合わせたり、シフォンやベロアなどの素材を取り入れたりすると、上品にまとまるよ。

ラッキー小物

さいほうセット＆救急セット

バッグの中に入れておきたいのは、さいほうセットやばんそうこう。自分はもちろん、だれかが困っているときにさっと出して助けてあげてね☆　気になる彼に女の子らしさをアピールできるチャンスにもなるよ！

女の子らしさをいかして
キュートタイプ

B

かわいい笑顔で女の子らしいミリョクが光るあなた。友だち思いでだれとでも上手につき合えるから、好感度No.1！フリルやリボンをあしらったガーリー系のキュートなファッションが、あなたのキャラクターにぴったり！　ピンクを堂々と着こなしてね♡

ラッキーバッグ

リュック

女の子らしいあなたには、行動力を高めるリュックが幸運のアイテム。かわいいキーホルダーやワッペンを利き手側につけると、元気が出てくるはず☆　荷物でリュックがパンパンにならないよう注意してね。

診断結果 1

上品キュートな お姉さん風♡

ふだんは女の子らしいファッションだけど、お出かけするときはいつもよりシンプルに、上品なお姉さんぽくきめてみて。フリルやリボンなどのあなたらしさは、ワンアイテムにしぼろう！ やりすぎず、あなたらしさをさりげなくアピールするのがオススメ♡

ラッキー小物
歯みがきセット

歯みがきセットを持ち歩いて！ランチやおやつのあとはもちろん、落ちこんだときやねむいときにも歯をみがいてね。気分までスッキリとリフレッシュできるよ☆ 自信が生まれ、気になる彼とおしゃべりできるかも♪

センスが光る！
ナチュラルタイプ

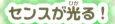

マイペースな自由人。いつでも自然体でおだやかな性格が、いっしょにいて落ち着くと評判！　そんなあなたはカジュアル&ナチュラルなコーディネートが得意。ボーダーのトップスやスニーカーなど、定番のデザインをセンスよく着こなせるよ☆　小物で個性をプラスすると◎。

ラッキーバッグ

ミニポシェット

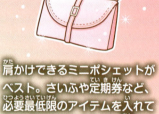

肩かけできるミニポシェットがベスト。さいふや定期券など、必要最低限のアイテムを入れてみて。「これだけあれば、何とかなる！」というポシェットをしていることで自信が生まれて、ラッキーを引き寄せるよ☆

診断結果 1

おしゃれバージョン

小物をきかせて個性的に！

いつものシンプルなコーディネートに、エスニックやボヘミアンのテイストを小物でプラスしてみて。エスニックがらのストールを、首や肩、バッグに巻くのもステキ！他の女の子とは一味ちがうファッションで、あなたの存在感が一気にアップするよ♡

ラッキー小物

手鏡＆リップグロス

手鏡とグロスをセットで持つのがベスト！ リップはマメにぬり直して女子力を引き上げてね。手鏡は形に注目☆ 丸い鏡はステキな出会いを運び、角がある形は個性が強調されるよ。なりたい自分に合わせてチョイス！

Part 5 ファッション診断

153

大人っぽさで差をつけて
クールタイプ

D

大人っぽいフンイキが持ち味で、みんなのお姉さん的存在。年れいよりも上に見られることが多いはず。少し背のびをしたファッションで、あなたのミリョクをさらに引き立てるよ♡ 黒やネイビーなどの落ち着いたカラーを着こなして、まわりの女の子に差をつけて！

ラッキーバッグ

ハンドバッグ

幸運をもたらすのは、四角いデザインのハンドバッグ。あなたの持つ大人っぽいフンイキをさらに引き出してくれるはず。とくに、ミニサイズのハンドバッグはファッションのアクセントになっておしゃれだよ☆

診断結果 1

おめかしバージョン

かっこいいとかわいいをミックス♡

ライダースジャケットやほんの少しヒールのあるクツなど、ちょっぴりハードなアイテムでかっこよさをプラスするのがオススメ☆ジャケットの下はワンピースやオフショルダーのトップスを着て、女の子らしさをアピールするのも忘れないで！

ラッキー小物

ハンドクリーム

バッグの中に入れておきたいのは、ハンドクリーム。指先は、自分で思っている以上にめだつもの。こまめにぬってすべすべな肌を保ってね♡　いい香りのするものを使えば、気になる彼をふり向かせられるかも？

Part 5　ファッション診断

テスト2 似合うヘアスタイルがわかる！
人気者になれる ヘア&アレンジ診断

友だちとの関係について質問するよ！
思い出しながら答えてね。

質問を読んで当てはまるほうに進んでね！

Q3
友だちの友だちをしょうかいされたら？

- すぐに仲良くなれる → 診断結果 **C**
- 仲良くなれるかわからない → 診断結果 **B**

Q1
4人で横に並んで歩くなら、あなたはどこにいると思う？

- 真ん中を歩いている → **Q2へ**
- はしっこを歩いている → **Q8へ**

Q4
友だちに「今から彼に告白してくる！」と言われたら？

- 告白するところを見守る → **Q7へ**
- 友だちからの報告をまつ → **Q8へ**

Q2
なやんだら友だちに相談するよね。あなたはどっち？

- 相談することが多い → **Q10へ**
- 相談されることが多い → **Q4へ**

Q8

女の子と男の子の友情ってあるのかな。あなたは上手くいくと思う？

仲良くできると思う　Q5へ

難しいと思う　Q6へ

Q9

その場にいない子の悪口が始まったよ。どうする？

かばう。または、さりげなくはなれる　診断結果 A

聞き流す。または、本人に教える　診断結果 B

Q10

仲良しグループ内でケンカが発生したら？

知らん顔で、いつもどおりに接する　Q9へ

「どうしたの？」と事情を聞く　Q3へ

Q5

友だちとテストの点を見せ合うことに。さて、結果はどうなりそう？

同じ。または、あなたのほうが低い　診断結果 B

あなたのほうが高い　診断結果 A

Q6

仲良くなったばかりの友だちと、おそろいで持つならどっち？

文ぼう具　Q9へ

アクセサリーや服　Q5へ

Q7

たまたま、友だちの秘密を知ってしまったらどうする？

絶対にだれにも言わない　診断結果 D

信用できる友だちには話しちゃう　診断結果 C

◀◀◀◀◀◀◀ 診断結果は次のページだよ★ ◀◀◀◀◀◀◀

Part 5 ファッション診断

元気いっぱい ショートヘア A

オープンな性格でだれに対してもフェアに接するあなたにぴったりなのは、ナチュラルなショートヘア！ショートカットの、ボーイッシュなイメージと、明るく女の子らしい笑顔のギャップがミリョク的♡

ハッピーアレンジ
かざりピンやあみこみで、ガーリーな動きをプラス。ヘアワックスで毛先を遊ばせて大人っぽさを演出してね♪

結果 2 ピッタリのアレンジは？

シャープさが命 ボブヘア B

個性派のあなたに似合うのは、ボブヘア。ステキなフンイキが生まれて、どんな服でもおしゃれに見えちゃう♡前髪を厚めに下ろして横に流すと、大人っぽくきちんとした印象にチェンジ！

ハッピーアレンジ
イベントやお泊まり会は、カチューシャやヘアバンドでイメチェン。思い切っておでこを出すのもかわいい！

C 女性らしい ミディアムヘア

友だちが多いあなたには、ミディアムヘアがオススメ！ アレンジ自在なので、予定や気分でイメージをかえて楽しめちゃう♪ 会うたびにしんせんな印象をあたえるあなたに、みんなが注目するよ！

ハッピーアレンジ

ツインテールやポニーテールなど、ゆれる毛先で視線を集めて。デートはハーフアップでおしとやかに♡

D ロマンチックな ロングヘア

診断 あなたにヘア&ヘア

相手としっかり向き合い、深い友情を育てたいあなたには、ロングヘアがオススメ。髪をのばすことで、人間関係も安定するよ。ヘアケアをしっかり行って、ツヤのあるサラサラな髪を保ってね♪

ハッピーアレンジ

みつあみでクセをつけたウェーブヘアをポニーテールに！ 大きめのシュシュやリボンではなやかさをプラスして♡

テスト3 身につけると安心！ あなたを守ってくれるアクセサリー診断

あなたの考え方について聞くよ！　想像しながらやってみてね♪

質問を読んで当てはまるほうに進んでね！

← a
← b

START

なりたいのは、どっち？
- a かわいい女の子
- b かっこいい女の子

お昼ねをするなら？
- a ハンモック
- b お姫様ベッド

遊園地に行くなら？
- a 大好きな彼とデートで
- b グループでワイワイと

好きな人にお弁当を作るなら？
- a かわいいキャラ弁
- b ふつうのお弁当

お金を拾ったよ！　思いうかんだのは？
- b おさいふ、またはお札
- a コイン

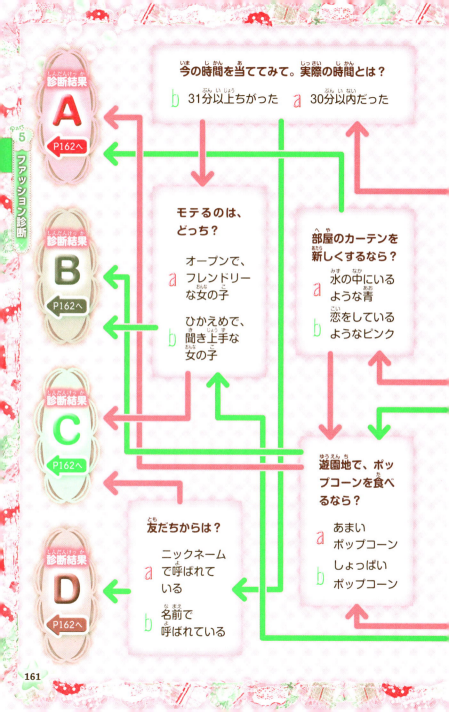

診断結果だよ！ あなたを守ってくれる
アクセサリーはこれ☆

C

星のブレスレット

星のブレスレットを利き手と逆の手首につけると、スターのキラキラオーラが！ あなたを勝利へと導いてくれるよ♪

A

フラワーリング

気になる彼や友だちと過ごすときにつけて！ キズナが強くなるはず。フラワーモチーフは、かくれた才能を引き出すよ☆

D

ハートのイヤリング

ハートのイヤリングをすれば、耳から入る情報をポジティブに考えられちゃう！ あなたの素直な気持ちも引き出すよ♡

B

イニシャルネックレス

首元のイニシャルに視線を集めて。あなたの存在感が高まって、トラブルや悪運をはじき飛ばしてくれるよ☆

もっとおしゃれに！ミリョク♡アップ心理テスト

あなたのミリョクをアップさせるおしゃれのヒントを診断しよう！

Part 5 ファッション診断

テスト4

2つの絵にはちがうところが4つあるよ。あなたが最初に気づいたのはどれ？

- **C** 髪型（ヘアアレンジ）
- **A** 店員さんの表情
- **D** お菓子の種類
- **B** 脚のポーズ

◀◀◀◀◀◀◀ 診断結果は次のページだよ★ ◀◀◀◀◀◀◀

診断結果4 あなたのチャームポイント
このテストでわかるのは!?

C 髪

あなたのチャームポイントは、髪。ツヤツヤとした髪と上手なヘアアレンジで、おしゃれな子って思われているみたい☆

A 笑顔

あなたのチャームポイントは、とびっきりの笑顔。いつもニコニコしているから、まわりのみんなも幸せな気持ちになるみたい♡

D 声

あなたのチャームポイントは、声だよ！思わずもっと話を聞きたくなるような、いやしボイスの持ち主かも。積極的に話しかけてね♪

B ボディバランス

あなたのチャームポイントは、ボディバランス。どんなファッションでもステキに見えるのは、姿勢とスタイルがいいからだね！

164

テスト5

気になる彼にイタズラしてみた！「だ〜れだ？」と目かくししたら、彼はあなたに何て言うと思う？

A 「●●だろ？」って、バレちゃった！

B 「だれ？」と聞き返された！

C ちがう子の名前を言われちゃった……

◀◀◀◀◀◀◀ 診断結果は次のページだよ★ ◀◀◀◀◀◀◀

つやつやグロス

彼もあなたのことが気になっているみたい！ あなたにオススメなのはとうめいグロス。もともとのくちびるの色をいかしてね。ツヤツヤのリップで、大人っぽい印象のあなたに彼もドキドキ♡

ぱっちりマスカラ

あなたと彼は、恋のかけ引きをしているのかも！ とうめいマスカラをぬってパッチリした目元で、彼をじっと見つめて会話をしてね。あなたの気持ちは、口に出さなくても目から伝わるはずだよ♡

ふんわりチーク

彼はあなたの気持ちに気づいていないみたい。チークでほほをほんのりピンクに仕上げて♡ 照れているように見えて、彼もあなたが気になっちゃうかも！ 大きい鏡でメイクのバランスを見てね。

166

カリスマ美容師が、あなたの担当に！　さて、どんな人だった？

C ダンディな店長

A イケメンのお兄さん

D ベテラン風のお姉さん

B 読者モデル風お姉さん

◀◀◀◀◀◀ 診断結果は次のページだよ★ ◀◀◀◀◀◀◀

診断結果 6 メイク上手になれるポーチ

C キャラクターの個性的なポーチ

キャラクタープリントのポーチを使ってみて。キュートなキャラクタープリントも、あなたなら個性的でおしゃれな印象に。女の子らしいピンクのリップを入れてね！

A ストライプのシンプルなポーチ

ストライプやチェックなど、かざらないシンプルなデザインのポーチが◎。かえってあなたの女の子らしさが際立つよ。ナチュラルで大人っぽいメイクができそう♪

D 黒い無地のポーチ

ヘアメイクさんが持つような、黒の大きめポーチがオススメ！ポケットがたくさんあるタイプだと、メイクアイテムがキレイにしまえてオシャレ度アップ☆

B 花がらの女の子らしいポーチ

花がらのポーチがピッタリ。ボーイッシュな女の子もロマンチックな気持ちに♡ レースやリボンがついていれば、さらに女子力アップであまいメイクができそう！

テスト7

森の動物にもぎたてフルーツをもらったよ。さて、それは？

C グレープフルーツ

B リンゴ

A 野イチゴ

診断結果は次のページだよ★

ラメネイル

ピンクやとうめいのマニキュアに、ラメの入ったマニキュアを重ねてみて。ラメのマニキュアは、ツメの先のほうにだけぬってもかわいいよ♪ さりげなくかがやくネイルに、気持ちも明るくなるはず。

カラフルネイル

1本ずつちがうカラーのマニキュアをぬったり、ピンクと赤を順番にぬったりしてもかわいいよ。お気に入りのカラーでやってみて。カラフルなネイルを見ると、気分も上がってくるはず☆

ワンポイントネイル

好きなカラーのマニキュアをぬったら、1本だけネイルシールでかざってみて。オススメは薬指。バランスよく仕上がるよ♪ 好きなモチーフを選べば、ネイルを見るたびにはげまされる！

ローズガーデンで迷子になってしまったあなた。
どっちに行ってみる？

C ブランコ　　**B** ふん水　　**A** バラのトンネル
F 休けい所　　**E** 天使のちょうこく　　**D** シンボルツリー

ねむりにつきやすい姿勢は？

C 丸くなる　　**B** あお向け　　**A** 横向きやうつぶせ

◀◀◀◀◀◀◀　診断結果は次のページだよ★　◀◀◀◀◀◀◀

診断結果⑧ このテストでわかるのは!? なやんだらこっち！ラッキーカラー

白＆ベージュ E
上品カラーで女の子らしさアップ♡

黄色＆オレンジ C
元気になれるビタミンカラー☆

赤＆ピンク A
ローズカラーで気持ちがはなやぐよ♡

黒＆グレー F
モノトーンでクールなミリョクアップ☆

緑＆カーキ D
ナチュラルカラーで心を落ち着けて♪

青＆水色 B
青や水色は集中力が高まるよ！

診断結果⑨ このテストでわかるのは!? リラックスできるルームウェア

A　ワンピース
しっかり者のあなたには、ワンピースやロングドレス型のルームウェアがピッタリ！　気分が落ち着いて、リラックスできるはず☆

B　ふわもこウェア
活発なあなたには、お出かけもできるキュートなふわもこウェアがオススメ！　ふわふわもこもこな肌ざわりにいやされちゃう。

C　フリフリキャミ＆ショーパン
あまえ上手なあなたは、とびきりかわいいルームウェアがピッタリ。フリルいっぱいのセットアップで、ねむるときもガーリーに♡

172

テスト10

ぶたいに出ることになったよ。
何を発表する？

 C ダンス
 B 音楽
 A おしばい

テスト12

3つのとびらがあるよ。
どのとびらを開ける？

A 左のとびら

B 真ん中のとびら

C 右のとびら

テスト11

ステキなクツにひと目ぼれ！ お店のどこに置いてあった？

A お店で一番
めだつところ

B クツがたくさん
並んでいるたな

C セール中のワゴン

診断結果は次のページだよ★

173

診断結果10 おすすめの香り

A ローズ
あなたは、自然と注目を集めるタイプ。花の女王バラの香りで、特別なオーラに！

B レモン
明るいあなたに似合うのは、さわやかなレモンの香り。チャンスも引き寄せるよ☆

C ミント
カリスマ性のあるあなたは、スッキリしたミントの香りで話しかけやすくなるよ♪

診断結果11 おすすめのクツ

A スニーカー
あなたの可能性を広げてくれるのは、スニーカー。お気に入りの一足を見つけてね！

B バレエシューズ
エレガントなパンプスやバレエシューズが、新しい世界へ連れ出してくれるよ♪

C スリッポンシューズ
さっとはけておしゃれなスリッポンシューズがオススメ！活やくの場を広げるよ☆

診断結果12 おすすめのスタイルアップ法

A ストレッチ
ねる前のストレッチがオススメ。温まってよくねむれるから肌にもいいよ。

B ウォーキング
ちょっと遠回りしたり、階段を使ったりするのがおすすめ。うでを大きくふって歩いてね！

C 半身浴
ゆったりとおフロにつかってみて。水をいっぱい飲んで、いいあせをかいてね。

┌─ お買い上げの本のタイトル（必ずご記入下さい） ─

●本書を何でお知りになりましたか？
　　□書店で見て　　　□新聞広告で　　□人に勧められて
　　□当社ホームページで　□ネット書店で　　□図書目録で
　　□その他(　　　　　　　　　　　　　　)
●本書をお買い上げになっていかがですか？
　　□表紙がよい　□内容がよい　□見やすい　□価格が手頃
●本書に対するご意見、ご感想をお聞かせください

ご協力ありがとうございました。

お名前（フリガナ）		
	年齢　　　歳	男・女
	ご職業	
ご住所 〒		
図書目録（無料）を	希望する□	しない□

郵便はがき

1 6 2 8 4 4 5

恐縮ですが切手をおはりください

新宿区新小川町一-七

成美堂出版 愛読者係 行

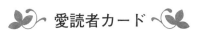
愛読者カード

◆ **本書をお買い上げくださいましてありがとうございます。**

これから出版する本の参考にするため、裏面のアンケートにご協力ください。
ご返送いただいた方には、後ほど当社の図書目録を送らせて戴きます。
また、抽選により毎月20名の方に図書カードを贈呈いたします。当選の方への
発送をもって発表にかえさせていただきます。

ホームページ　http://www.seibidoshuppan.co.jp

＊お預かりした個人情報は、弊社が責任をもって管理し、上記目的以外では一切使用いたしません。

おしゃれ度アップ！ビューティーおまじない

ファッション心理テストはどうだった？　診断結果にプラスして、もっともっとあなたのミリョクを引き出す、ビューティーおまじないをこっそり教えちゃうね★

かわいくなりたい

人に親切にした日にやってみてね！　夜の8時ぴったりに、背のびをしてから、背中の後ろで中指同士を組み合わせて。それを左右に引っぱりながら、ゆっくり8を数えたら、手をほどいてリラックス。16日以内に、あなたのフンイキが大人っぽくなるはずだよ♡

大人っぽくなりたい

愛用の鏡を、毎日きれいにふいてね。自分の部屋にある鏡だけでなく、せんめん所やバスルームの鏡もみがいて。「いつもキレイに映してくれて、ありがとうございます」と鏡にお礼を言いながらふくのがポイント☆　鏡がキレイになるのといっしょに、あなたもかわいくなるよ！

8:00 pm

モテたい

あなたが生まれた年の5円玉を3枚、500円玉を1枚用意して。金曜日の夜に、5円、5円、500円、5円の順番で積んでからねむってね。次の日、みんなで食べるおやつなど、だれかが喜ぶことにそのお金を使うと、モテスイッチが入るよ！ ぼきん箱に入れてもOK。

スリムになりたい

用意するのは黒いリボン。朝起きたら、身体のどこかに黒いリボンをちょうちょ結びにして、はずしてみてね。毎日結び直すことで、身体がリセットできるよ。理想のスタイルになったら、白いふうとうにリボンを入れて、土曜日に捨てて♡ 体型がキープできるよ！

テスト1
部屋の片づけをしよう！

おすすめの部活

診断結果 1

B 吹奏楽・美術

あなたは、まだ目覚めていないアートの才能の持ち主。好きなイラストやマンガ、歌手やアイドルをきっかけに、芸術に興味が出てきそう。吹奏楽部で楽器を演奏したり、美術部で絵をかいたり。学校に通いながら、マンガ家やアイドルとしてデビューするのも夢じゃないかも!?

A 水泳・陸上

あなたはとても、アクティブな女の子だよ。成長すると、そのアクティブさにさらにみがきがかかるはず。水泳部や陸上部に入って、思いっ切り身体を動かしてみよう。競技会や大会でメダルを取ったり、いい成績を残したりして、学校でもうわさの有名人になっちゃうかも～!

女子中学生 JCになったあなたへ

Part 6 マンガde未来診断

D 手芸・料理

あなたにおすすめの部活は、手芸部か料理部。手先がとても器用なあなただから、ステキな作品＆おいしいお菓子・料理を、どんどん作っちゃうはず。大人もびっくりするような、オリジナルのレシピや作品をひらめき、テレビや雑誌の取材が来て、有名人になっちゃうかも!?

C バレー・バスケ

活動的で、とても社交的なあなた。チームワークが大切なスポーツ、バレーボールやバスケットボールがおすすめの部活だよ。メンバーに「優勝めざしてがんばろう！」とマメに声をかけて、キャプテンとしてチームを引っぱっていくはず★ 大会で優勝して、日本一になれちゃうかも～!?

親友タイプは？

診断結果 2

Ⓑ たよれるリーダー

たよりになるリーダータイプの女の子が、あなたの親友になる予感。おたがいに何となく気になる存在なのに、なかなか仲良くなるきっかけはやってこなさそう。体育大会や学園祭など、大きな学校イベントがあるときにチャンスが訪れるはず。積極的に話しかけて仲良くなろう！

Ⓐ やさしいいやし系

あなたと仲良くなるのは、やさしくて思いやりがあるいやし系の女の子。学校で忘れ物をして困っていたあなたに、彼女のほうから声をかけてくれて、仲良くなるきっかけが生まれるみたい！　相性◎だから、大人になってからもずっと、親友同士の関係でいられそうだよ♪

JCになったあなたの

part 6 マンガde未来診断

D 物静かなおじょう様

おしとやかで、物静かなおじょう様タイプの女の子が、あなたの親友になりそうな予感！ 困っている彼女を、あなたが助けてあげたことをきっかけに、グッとキズナが深まるはず。まるで昔からずっといっしょにいたみたいに、すぐに打ちとけて何でも話せる関係になれるよ。

C ミステリアスな美女

中学生になった、あなたの親友になってくれるのは、不思議なフンイキがミリョク的な女の子だよ。同じクラスで前後の席になったことをきっかけに、仲良くなれちゃいそう。シュミの話や好きな芸能人の話題で盛り上がるうちに、いつの間にか何でも相談できる大親友になっているはず。

テスト３
魔法の国からこんにちは！

 魔女と男の子の恋はどうなる？

D	C	B	A
すっぱりあきらめる	ネコがジャマして会えない	悲しい別れがくる	ラブラブになる

◀◀◀◀◀◀◀◀ 診断結果は次のページだよ★ ◀◀◀◀◀◀◀◀

おすすめの習い事

診断結果 3

B お花

あなたにおすすめの習い事は、お花にまつわること。フラワーアレンジメントや華道など、お花を身近に感じられる習い事が◎。お花の近くにいるだけで、あなたのやさしい気持ちがしげきされて、まわりのみんなに対して、もっと思いやりをもって接することができるようになりそう。

A 書道

あなたにおすすめの習い事は、書道だよ。もともと、ていねいな字をかくあなただけど、書道を始めると一気に才能が開花しそう！先生もびっくりするようなステキな字をかけるようになるはず。キレイな字でラブレターをかけば、どんな男の子も思わず「YES」と言ってくれるかも!?

JCになったあなたへ

part 6 マンガde未来診断

D 楽器

おすすめの習い事は、楽器。ピアノやフルート、バイオリンやギターなど「いいな」と思った楽器は、積極的にチャレンジしてみて。最初は楽ふがわからなくても、すぐに上達して演奏できるようになるよ。仲間といっしょにコンサートを開いたりして、楽しく過ごせるはず。

C 英語

英語が、あなたにおすすめの習い事だよ。英語がしゃべれる人は、フランス語や中国語など、英語以外の外国語も◎。海外の言葉を勉強することで、その国の食べ物や文化にも興味が出てくるはず。「いつか行ってみたいな」なんて、海外旅行や留学などのステキな目標ができそう。

おすすめのアルバイト

診断結果 4

B コンビニ

マナブとのおつき合いを選んだあなたは、頭の回転が速くてスマートな女の子。そんなあなたにおすすめのアルバイトは、コンビニのスタッフだよ。どんなお客様にもスピーディーに対応して、テキパキと働くはず。あなたの顔が見たくて、お店に来てくれるお客様が増えそう！

A ファストフード

タケシとのおつき合いを選んだあなたは、活動的で笑顔がステキな女の子。そんなあなたにおすすめのアルバイトは、ファストフード店のスタッフだよ。カウンターでの接客はもちろん、ハンバーガーやポテトを作るキッチンでも、持ち前の行動力をいかして、大活やくできるはず！

女子高校生 JKになったあなたへ

Part 6 マンガde未来診断

D イベントスタッフ

タケシとマナブ、どちらとつき合うか選べない……と答えたあなたは、思いやりがあって、とてもやさしい人。そんなあなたには、いろいろなイベントをサポートするスタッフがおすすめ。他の人が気づかないことも、いち早くキャッチして、しっかりお手伝いができるタイプだよ。

C ウェイトレス

タケシとマナブ、どちらともつき合えないと答えたあなたは、さっぱりとした性格で、どんなことにもじゅうなんに対応できる女の子。そんなあなたにおすすめのアルバイトは、レストランのウェイトレス！ ていねいでハキハキとした接客で、たくさんのお客様を笑顔にできるはず！

テスト5 モテモテの彼、じつは……

どんな写真だったと思う？

D	C	B	A
変な髪型の彼の写真	変顔をしている彼の写真	女装した彼の写真	彼女とのツーショット

◀◀◀◀◀◀◀◀ 診断結果は次のページだよ★ ◀◀◀◀◀◀◀◀

彼タイプは？

診断結果 5

Ⓑ スマート男子

未来のあなたがおつき合いをする男の子は、頭がよくてたよりになる、学級委員タイプの彼。図書室での出会いをきっかけに、どんどん親しくなりそうな予感。でも、おたがいに相手に気を使ってなかなか告白できないかも。友だちに協力してもらって、気持ちが伝わりそうだよ♡

Ⓐ スポーツ男子

あなたの彼になる男の子は、スポーツが得意なアクティブボーイ。部活動を一生けん命がんばる彼の姿に、あなたがひと目ぼれして恋が生まれそう。少しずつキョリを縮めて、おつき合いが始まるのは出会ってから約半年後。だれもがうらやましく思う、ラブラブカップルになるはず。

JKになったあなたの

D 思いやり男子

未来のあなたがおつき合いする男の子は、いつもみんなを気づかっているやさしい彼。彼があなたにひと目ぼれして、それをきっかけに2人のキョリがグッと縮まりそう。彼はシャイだからあまりロマンチックなフンイキにはならないけど、2人でいるだけで幸せな気分を味わえちゃいそう。

C 芸人男子

あなたの彼になる男の子は、話題ほうふな芸人っぽい彼。グループデートや、友だちのしょうかいをきっかけに、出会う予感！彼と話していると、時間を忘れちゃうくらい盛り上がるはず。最初は友だちとして親しくなるけど、少しずつおつき合いをイシキして、ラブラブになりそう。

テスト⑥ 謎のタマゴを拾ったよ

診断結果 ⑥ 新しい才能は？

Ⓑ お花

大人になったあなたは、フラワーアレンジメントやガーデニング、華道など、お花の世界に興味をもちそう。色とりどりのたくさんのお花にかこまれて、ステキな作品を生み出すはず。お花のミリョクを多くの人に伝えるために、いろいろなアイデアを思いつきそう。花博士って呼ばれちゃうかも!?

Ⓐ インテリア

大人になったあなたが興味をもつのは、インテリアの世界。家具やカーペット、カーテンなどステキなデザインのインテリアをそろえて、理想の部屋を作りあげそう。センスがバツグンだから、友だちから「私の部屋も、ステキにコーディネートして～！」ってお願いされちゃうかも。

大人になったあなたの

アート D

大人になったあなたが興味をもつのは、アートの世界。絵画や映画、マンガ、アニメ……たくさんのアートにふれて、オリジナルの芸術作品をひらめきそう。手先が器用で、コツコツ努力するタイプだから、だれも思いつかないステキなアイデアで、みんなをびっくりさせちゃうかも！

料理 C

料理やお菓子作りの才能が目覚めて、シェフやパティシエのレッスンを受けることになりそう！ いろいろな国のお菓子や料理を作るうちに「私ならこれを入れて、あれも入れて……」とオリジナルのレシピをひらめきそう。天才シェフ・パティシエとしてテレビに出る日も近い!?

テスト 7
アイドルはツラいよ！

Q あなたならどうする？

D	C	B	A
親に相談する	カツラでごまかす	ボウズにしない！	ボウズにする！

◀◀◀◀◀◀◀◀ 診断結果は次のページだよ★ ◀◀◀◀◀◀◀◀

どんな恋をする？

診断結果 7

Ⓑ ほのぼのした恋

大人になったあなたは、ほのぼのした恋をしそう。いっしょにいると心からリラックスできる、やさしくておだやかな人と恋を育てていくみたい。マジメでしんし的な彼とおつき合いしていく中で、自然と「もしかしたら、この人と結婚するのかな？」なんて気持ちが芽生えるかも。

Ⓐ ロマンチックな恋

大人になったあなたが落ちるのは、ロマンチックな恋。あこがれの人とのおつき合いをきっかけに、恋愛マンガやドラマのような恋が始まっちゃいそう。ライバルがたくさんいたり、遠キョリ恋愛になったり、トラブルも多いけど、乗りこえるたびに2人の愛のキズナは深まるはず。

204

大人になったあなたは

Part 6 マンガde未来診断

Ⓓ

Ⓒ

外国人との恋

大人になったあなたは、外国の人と運命の恋に落ちるかも。最初は言葉がちゃんと通じなくて大変だけど、おたがいに努力をして、すぐにコミュニケーションが取れるようになるはず。言葉を教え合ったり、文化を教え合ったりして、2人でしっかりとキズナを育てていけそう♡

年の差・身分差の恋

大人になったあなたの恋は、なかなかドラマチック！ ちょっぴり彼が年上の人だったり、立場が少しちがったりと、スムーズには行かない予感。でも、そのぶん、彼の男らしさやたよりになるところにドキドキしちゃいそう。2人の愛が困難をこえて、最後はハッピーエンドになるはず。

結婚式をするなら？

診断結果 8

B ホテルで ゴージャスに

ロボットとデートをしたあなたは、好奇心おうせいで何事も見た目を大切にするタイプ。そんなあなただから、結婚式は有名なホテルでゴージャスに開きそう。たくさんのお客様を招いて、みんなが満足して結婚式を楽しめるように、あれこれと準備をしっかり整えるはずだよ。

A ホーム パーティー風に

ロボットの電源を切っちゃうあなたは、とても用心深くてしんちょうな性格。「本当に親しい人と、楽しく結婚式をあげたい！」と考えて、仲のいい友だちと家族だけを呼んで、こぢんまりとした結婚式をあげそう。みんなの心からのお祝いの言葉に、ナミダが止まらなくなっちゃうかも！

大人になったあなたが

船上でセレブ風に

ロボットを売ろうとしたあなたは、しっかり者でどちらかと言うと現実的なタイプ。でも「一生に一度の結婚式なんだから、ケチケチしたくない！」と、結婚式にはかなりこだわりを見せそう。ごうかな船を貸切にして、みんながうっとりするようなセレブ風の結婚式をあげちゃうかも。

2人だけでロマンチックに

ロボットの送り主を探したあなたは、マジメな性格だけど意外にロマンチックなタイプ。「あなたと結婚できるだけで幸せ♡　だから、式にはこだわらないわ」と、海外で2人きりのラブラブな結婚式をあげそう。朝からじーっとアツく見つめ合って、気づけば夜になっちゃっているかも!?

テスト⑨
占いを信じる？ 信じない？

Part 6 マンガ de 未来診断

Q あなたなら、どうする？

D	C	B	A
告白して、プレゼントもわたす	告白して、プレゼントはわたさない	告白せず、プレゼントだけわたす	告白せず、プレゼントもわたさない

◀◀◀◀◀◀◀◀◀ 診断結果は次のページだよ★ ◀◀◀◀◀◀◀◀◀

新婚旅行するなら？

診断結果 ❾

Ⓑ ヨーロッパ

告白をしないで、プレゼントだけわたしたあなたは、行動的で新しいものに興味しんしんなタイプ。フランスでショッピングを楽しんだあとは、ベルギーでチョコレートを食べて……と、休みなく動き回りそう。おみやげをたくさん買いこんで、バッグが開いたまま閉まらなくなっちゃうかも!?

Ⓐ ハワイ

彼への告白をあきらめて、プレゼントもわたさなかったあなたは、めだつことがニガテなタイプ。新婚旅行先は、ハネムーン先として昔から人気があるハワイを選びそう。南の島でおいしい食事を食べたり、フラダンスを見たり体験したりして、1日中、のんびりゆったり過ごすはず。

212

大人になったあなたが

Part.6 マンガde未来診断

D 世界一周!

占いの結果が最悪でも、告白をしてプレゼントもわたしたあなたは、かなりのアクティブガール。「ありきたりな新婚旅行はつまらない」と、世界一周旅行に出かけるかも。船や飛行機、新幹線や電車など、たくさんの乗り物を乗り継いで、世界各国でステキな体験をたくさんしちゃいそう！

C アフリカ

告白はするものの、プレゼントをわたさなかったあなたは、ふつうじゃ満足できないタイプ。新婚旅行先にはアフリカを選んで、他の人が体験できなさそうなことに、どんどんチャレンジしそう！ 野生の動物と写真を撮ったり、地元の人と話をしたり、とっても貴重な体験をするはず。

Q 親友のかくし事は？

D	C	B	A
宝クジが当たった	他に親友ができた	習い事を始めた	彼ができた

◀◀◀◀◀◀◀◀◀ 診断結果は次のページだよ★ ◀◀◀◀◀◀◀◀◀

大事なものは?

B シュミ

あなたが大人になったときに一番大事にすることは、シュミの時間だよ。多才で器用なあなただから、アクセサリー作りや、手芸、パズル、読書など、どんなことも積極的にチャレンジしたくなるはず。家族みんなに協力してもらい、自分だけのシュミの部屋を作っちゃうかも!?

A 家事

大人になったあなたが大事にするものは、ズバリ家のことだよ。料理やそうじ、洗たくなど、毎日気持ちよく生活できるように、一生けん命、家事をがんばりそう。家族のみんなから「ありがとう」と言われるとうれしくなって、「今日も1日やるぞ〜!」という気分になるみたい★

大人になったあなたの

D 美

大人になったあなたが大事にするのは、美容やファッションのこと。努力家でマジメな性格だから、「いつまでもキレイでいたい！」と、持ち前のセンスをみがき続けるはず。テレビや雑誌の取材をきっかけに「街でうわさの美人」として、芸能界にデビューする日がきちゃうかも!?

C 勉強

向上心にあふれ、目標があるといつも以上にがんばれちゃうあなた。大人になったあなたが大事にすることは、勉強！ 新聞を読んだり、テレビのニュースを観たり、毎日コツコツと地道に勉強を続けそう。家族から何を質問されてもスラスラ答えられるくらい、すごく頭がよくなっちゃうかも！

テスト⑪
クジ引きが当たったよ！

218

Q あなたなら、どうする？

D	C	B	A
クジ引きの係の人に相談する	他のものをあげられないか考える	ぬいぐるみはあげない	ぬいぐるみをあげる

◀◀◀◀◀◀◀◀◀ 診断結果は次のページだよ★ ◀◀◀◀◀◀◀◀◀

お母さんになったら?

診断結果 11

やさしいお母さん

大人になったあなたは、やさしいお母さんになりそうだよ。家事と育児をしっかりがんばるために、仕事は続けない可能性が高いかも。やんちゃで元気な子どもが生まれて、いっしょに公園に遊びに行ったり、プールに泳ぎに行ったり、アクティブな日々を過ごすことになる予感!

働くお母さん

あなたが大人になったら、持ち前の行動力と器用さをいかして、仕事と家のことを同時にバリバリこなす、働くお母さんになりそうだよ! やさしいだんなさんとかわいい赤ちゃんと、あたたかい家庭を築いていくはず。いそがしいけれど、楽しい毎日を送ることになるかも★

大人になったあなたが

D 元気なお母さん

大人になったあなたは、元気いっぱいのお母さんになりそう！ たくさんの子どもと、たよれるだんなさんにかこまれて、にぎやかで楽しい家庭を作るはず。毎日やることがいっぱいあるけれど、子どもたちの笑顔を見るだけで「今日もがんばるぞ！」という気持ちになるみたい♪

C 家で仕事をするお母さん

大人になったあなたは、家で仕事をしながら、家事と育児をこなすがんばり屋のお母さんになりそう。子どもが生まれたときは、バタバタして大変かも。でも、やさしいだんなさんと協力し合いながら、ワイワイガヤガヤ、家族みんなで仲良く＆楽しく暮らしていくはずだよ。

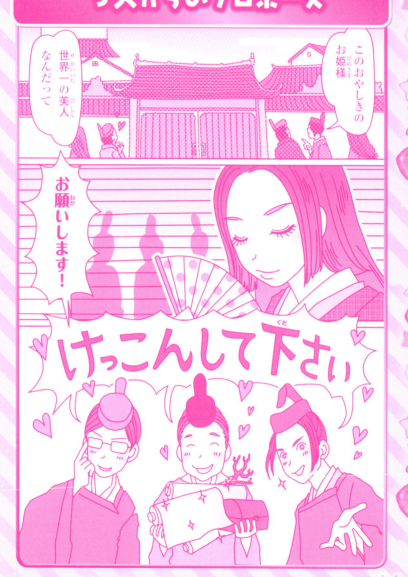

診断結果 12

あなたが おばあちゃんになったら？

エネルギッシュ A

年を取っても若い人に負けない、とってもエネルギッシュなおばあちゃんになりそう。1人で海外旅行に出かけたり、ロックのライブに行ったり。家族はハラハラして目がはなせない!?

近所でモテモテ B

近所でも、モテモテで有名なおばあちゃんになりそうなあなた！ バツグンのスタイルと若々しい見た目をいかして、モデルとして活やくする日がきちゃうかも!?

ほんわか ほのぼの C

ほのぼのとしていて、いるだけでみんなの気持ちをホッとさせるような、おばあちゃんになりそう。たくさんの家族にかこまれて、ほんわかした毎日を送ることになるはず。

224

あなたならどうする!? シミュレーション心理テスト

監修／星野りかこ

あなたは突然、不思議な世界に迷いこんでしまったみたい！ そこで起こるさまざまな事件を乗りこえながら、2つの冒険を楽しんできてね！ このテストでは、あなたが選んだ行動をもとに、あなたを守る精霊や、前世での恋愛タイプがわかるよ。不思議な世界から、無事に元の世界へ戻ってこられるかな？

テスト1 迷いの森で大冒険!

目が覚めると、そこは木もれ日が差す森の中!はじめから質問を読んで、自分だったらどうするかを選びながら進んでね。

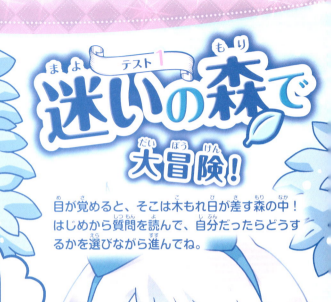

01

「ここはどこ?」と言うと、どこからか「ここは迷いの森。あなたはさそいこまれてしまったのね。がんばって森からぬけ出して。私も手伝うわ!」と声が聞こえてきたよ。さて、これからどうする?

とにかく歩き出す → **02**

じっとしている → **03**

226

Part 7 シミュレーション心理テスト

02
早速、森の中を歩いてみることにしたよ。そこはどんな森？

- 花や果物がたくさんある南国っぽい森 → 04
- 高い木にかこまれたヨーロッパっぽい森 → 05

03
目を閉じていると、何か聞こえてきたよ。それはどんな音？

- 鳥や動物たちの鳴き声 → 06
- 風が木の葉をゆらす音 → 07

06

そのときふいに、きれいな色のウサギが現れ、森の奥に消えていっちゃった。思わずあとを追ったけど……ウサギはどんな色だった？

- かがやく金色 → 10
- 美しい青 → 11

07

風の音を聞いていると、森の奥で、何か動いているものが見えたよ。手をふるようにゆれているけど、どんな風に見える？

- こっちにおいで → 10
- あっちに行け → 11

08

その家は、水色の屋根、ピンクのカベ、黄色いドアの、とてもかわいらしい家。ドアをノックしたら、中から「お入り」という声が聞こえてきたよ。どうする？

- ドアを開けてみる → 14
- 入らずににげる → 05

09

その家は静かで、だれも住んでいないみたい。少しだけ、ドアが開いているよ。中に入ってみる？

入ってみる → 15

通り過ぎる → 05

10

しばらく歩くと、小さな家の前に出たよ。庭でたくさんの花がゆれているところを見ていたら、家の中から「いらっしゃい。中に入って」と声が聞こえてきたよ。どんな声？

子どもみたいな声 → 14

やさしそうな声 → 15

Part 7 シミュレーション心理テスト

13

「かわいい！」と思って手を出したら、かみつかれそうになってしりもちをついちゃった！　そのとき、おしりの下に戸があるのを発見！　開けてみたら、その先には地下へ続く階段が。降りてみる？

降りてみる！	こわいからイヤ
17へ	10へ

Part 7 シミュレーション心理テスト

16

地図には、森からぬけ出す道がかいてあったよ。これをたよりに、出口を探すしかないみたい。そのときの気持ちは?

- やるしかない! → 19
- できるかなあ…… → 20

17

地下への階段。そこからしめった風が吹いているよ。ここを降りるしかなさそう……どんな気持ち?

- ちょっとワクワク → 19
- ちょっぴりこわい → 20

Part 7 シミュレーション心理テスト

20

こわくてぎゅっと目をつぶり、ふたたび目を開けると……そこは私の部屋。夢だったのかな？と思ったら、またあの声が聞こえてきたよ。「もうだいじょうぶ。私はあなたを守る精霊よ。これからもずっと、見守ってあげる」だって。その声はどんな感じだった？

- やさしい感じ → **C**
- 力強い感じ → **D**

19

歩き出すと、突然目の前が真っ白に！……気がつくと、そこは私の部屋。そのときまた、あの声が聞こえてきたよ。「がんばったね。あなたには○○があるから、乗り切れたのよ」だって。もしかして、これは私を見守ってくれる精霊の声なのかも。○○って？

- 勇気 → **A**
- 行動力 → **B**

237

診断結果 ①

森の冒険はどうだった？ テスト1のあなたの選択で、前世からあなたをずっと守ってくれている精霊タイプがわかるよ。

せんさいで心やさしい　C
○ 水の精霊 ○
ウンディーネ

心あたたかいあなたを見守るのは、水の精霊ウンディーネ。親切なあなたを応援し、あなたがキズついたときは、胸の痛みをいやしてくれるよ。

元気な子が大好き！　A
○ 火の精霊 ○
サラマンダー

明るいあなたを見守るのは、火の精霊サラマンダー。がんばる姿を応援してくれているよ。あたたかい気配を感じたら、そばにいるサイン。

一生けん命ながんばり屋　D
○ 土の精霊 ○
ノーム

ひたむきなあなたを見守るのは、地の精霊ノーム。あなたが学んだり、作ったりする姿を応援するよ。困ったときは夢でヒントをくれるはず。

知的なあなたを応援！　B
○ 風の精霊 ○
シルフィード

自由なあなたを見守るのは、風の精霊シルフィード。チャレンジをサポートしてくれるよ。そよ風を感じたら、元気づけてくれている証。

「迷ってしまって……」と言うと、おまわりさんがこわい顔で、「いそがしいんだ。あっちへ行け」だって！　びっくりしていると、後ろからうでをつかまれたよ。いったいだれ？

- 大きなマスクをしている男の人 → 05
- 大きなぼうしをかぶった女の人 → 06

男の人は、大きなマスクを取って言ったよ。「ぼくだよ、一郎。探したよ。アレを持ってきてくれたかい？」「何のこと？」と聞くと、「しかたないな、ついてきて」と言われたよ。どうする？

- しょうがないからついていく → 07
- じょうだんじゃない。にげる → 09

Part 7 シミュレーション心理テスト

09

走り出すと、向こうから女の子が来たよ。その子は私にそっくり！
私はこの子とまちがえられたのね。その子はユキちゃん。さて、これからどうする？

- 別れて、帰り道を探す → **11**
- ユキちゃんについて教会へ行く → **12**

08

牧師さんは、私を見るとびっくり。
「ユキちゃんにそっくりだ」
だれのこと？　と思っていたら、女の子がやってきたよ。なんと私と同じ顔！　あなたは何て言う？

- 本当にそっくりなのね → **12**
- さっきまちがえられたよ → **13**

13

ユキちゃんが「今日はね、私のお姉ちゃんと一郎さんの結婚式なの。結婚を反対されているから、ここで秘密の結婚式をするんだ。でも結婚式の時間をかいた手紙を忘れて、私が取りにいっていたの」と言ったよ。そうか、「アレ」って手紙のことか。これから、2人の結婚式なんだって。見守る？

- うん、見守る → 16
- やめておく → 14

12

牧師さんは「一郎さんとユキちゃんのお姉さんのハナさんは、結婚を反対されていて……。だから、秘密の結婚式を挙げるんだ。ユキちゃんが指輪を取りにいったから、みんな探していてね。キミはユキちゃんと似ているから、まちがえてしまったんだ」と言ったよ。これから結婚式だって。見守る？

- 見ていく → 16
- 今はいいや…… → 14

15

帰（かえ）りたいけど、どうしよう……私（わたし）はまた教会（きょうかい）に行（い）くことに。そこで牧師（ぼくし）さんが、「キミはユキちゃんとそっくりだ」だって。やっぱり人（ひと）ちがいだったのね。すると話（はな）しかけられたよ。何（なん）て言（い）われた？

「じつは今日、これから結婚式があるんだ」 **12へ**

「結婚を反対されている2人がいるんだ」 **14へ**

14

「どうして結婚（けっこん）を反対（はんたい）されているの？」と聞（き）くと、「今（いま）の日本（にほん）じゃ、自由恋愛（じゆうれんあい）なんてできないさ」だって。「そうなの!? 私（わたし）の時代（じだい）では自由（じゆう）よ」と伝（つた）えるとびっくりした顔（かお）の牧師（ぼくし）さん。何（なん）て言（い）った？

「信じられない」 **17へ**

「すばらしいなぁ」 **18へ**

246

Part 7 シミュレーション心理テスト

ハナさんと一郎さんは、秘密の結婚式を挙げたよ。ウエディングドレスはないけれど、ユキちゃんと牧師さんに祝福された2人は、幸せそう。それを見てどう思う？

- とにかくよかったな → 17
- ちょっとあこがれる → 18

牧師さんが「元の世界に戻れるように、いのりましょう」と言ったよ。私は目を閉じて、「元の時代に戻してください」といったよ。私のいた場所は？

| 牧師さんのとなり 19へ | 牧師さんの後ろ 20へ |

これからどうしようと思っていたら、牧師さんが「もうだいじょうぶ。元の時代に帰りなさい」だって。そのとき、目の前が真っ暗に。最後に見た牧師さんは？

| びっくりしていた 19へ | やさしく笑っていた 20へ |

Part 7 シミュレーション心理テスト

20

目を開けると、そこは遠足で来ていた街。でも、レストランや携帯ショップのカンバンもあるよ。元の世界に戻れたみたい！　向こうから、友だちがやってくるのが見えるよ。帰ってきたのはいつ？

- 昼すぎ → C
- 夕暮れ → D

19

「もう、どこに行っていたの？」
目を開けると、友だちが心配そうな顔をして私を見つめていたよ。よかった！　元の世界に戻ってこられたみたい！　今のあなたの気持ちはどんな感じ？

- 私もステキな恋をしたいなあ → A
- 友だちと再会できてうれしい！ → B

診断結果 ②

昔の時代はどうだった？ テスト2のあなたの選択で、あなたが前の人生で経験した恋のパターンがわかるよ！

ずっと1人にラブ　C

イチズな恋

前世では、たった1つの恋を一生つらぬいたあなた。あなたと同じようにまっすぐな人と、おばあちゃんになるまでずっと愛し合ったよ。

みんなをまどわす　A

モテモテ恋

前世のあなたはモテモテ！ ミリョク的で、大勢の男性にアプローチされていたよ。いろいろな人と、何度も情熱的な恋を経験したみたい。

こっそりドキドキ　D

ヒミツの恋

前世のあなたが恋したのは、みんなから反対されてしまう、身分のちがう相手。かくれてデートをする度に、2人のドキドキは止まらない！

仲良しからの進展！　B

友だち恋

前世では、いつも男の子の幼なじみがそばにいたあなた。成長していくにつれ、おたがいを意識するようになり、2人はやがてラブラブに。

Part 7 シミュレーション心理テスト

総合診断

あなたの前世の職業は？

P238の診断結果1とP250の診断結果2の結果を合わせると、あなたの前世の職業がわかっちゃうよ！　下の表のうち、ヨコのじくとタテのじくが交わるところが、あなたの前世の職業タイプ。たとえば、診断結果1がA（1-A）で、診断結果2がB（2-B）なら、あなたはaタイプになるよ。

1-D	1-C	1-B	1-A	
b	b	a	a	2-A
d	c	b	a	2-B
d	d	c	c	2-C
e	e	e	d	2-D

前世と今って、関係あるの？

前世と現世はちがう人生だけど、同じたましいのまま生まれかわっているよ。だから、前世でのきおくや才能は、現世にも影響があるみたい。前世で得意だったことや、好きなものは今にも伝わっているはず。今のあなたの性格も、もしかして、前世のあなたから受けつがれているものなのかもしれないね。

251

ⓐ

強くてかっこいい！

剣士

前世のあなたは、強くて勇ましい剣士！ ストイックな性格で、毎日剣の修行をしていたよ。それは、自分の強さをじまんするためではなく、大切な人やみんなを守るため。だから、まわりに愛され、たよりにされていたはず。

前世から受けつぐ性格

みんなのために戦ってきたあなたは、今も目の前で友だちや家族が苦しんでいたら、助けたくなるはず。だれかを守りたいと思うとき、あなたはだれよりも強くなれるよ。

ラッキーアイテム
Lucky item

剣のモチーフ。シルバー色のものがそばにあると、あなたの心に力がわいてくるはずだよ。

252

Part 7 シミュレーション心理テスト

ⓑ やさしくて知的！
薬師（くすし）

前世のあなたは、親切でかしこい薬師！ 薬師とは、薬草を育てたり、つんで薬を作ったりする人のこと。薬草のことを一生けん命研究して、みんなの病気がよくなるようにがんばっていたから、みんなから尊敬されていたよ。

前世から受けつぐ性格

たくさんの植物にかこまれて暮らしていたあなたは、今も自然の中にいると心が安らぐはず。山や花畑に行ったり、自然のパワーにふれたりすると、あなたは元気になれるよ。

ラッキーアイテム
Lucky item

草のモチーフ。ハーブや植物をまわりに置くと、あなたの心がイキイキしてくるよ。

C

はなやかでエレガント！

貴族

前世のあなたは、ゆうがでセレブな貴族！ 毎日きれいなドレスを着て、美しいものにかこまれながら、音楽会やパーティーを開いていたよ。それは、貴族同士で仲良くして、争いが起こらないように、国を守るためなんだ。

前世から受けつぐ性格

あなたはキラキラしたものや、花など、前世のときからきれいなものが大好きなはず。今でも美しいものにふれると、あなたの心は豊かになり、どんどん力がわいてくるよ。

ラッキーアイテム
Lucky item

美のモチーフ。アクセサリーやリボンを持ち歩くと、あなたもエレガントになれるよ。

Part 7 シミュレーション心理テスト

おしゃれでセンスバツグン!
芸術家(げいじゅつか)

前世(ぜんせ)のあなたは、センスのいい芸術家(げいじゅつか)! あなたの作品(さくひん)はどれも美(うつく)しく、人(ひと)の心(こころ)に感動(かんどう)をあたえたよ。王様(おうさま)や貴族(きぞく)たちからも大人気(だいにんき)! 自分(じぶん)の才能(さいのう)を鼻(はな)にかけず、芸術(げいじゅつ)に打(う)ちこむあなたは、まわりから尊敬(そんけい)されていたはず。

前世(ぜんせ)から受(う)けつぐ性格(せいかく)

たくさんの作品(さくひん)を作(つく)ってきたあなたは、今(いま)も音楽(おんがく)や絵(え)などにひかれることがあるはず。芸術(げいじゅつ)にふれていると、あなたに秘(ひ)められた才能(さいのう)がハッキされ、どんどん力(ちから)が出(で)てくるよ。

ラッキーアイテム Lucky item

芸術(げいじゅつ)のモチーフ。楽器(がっき)や本(ほん)の形(かたち)のアイテムを身(み)につけると、想像力(そうぞうりょく)が豊(ゆた)かになるはず。

255

美しくて神秘的！
巫女

前世のあなたは、いのりをささげる巫女！ 神様の言葉をみんなに伝えていたよ。強い力があるのに、人を呪ったり、力を自分のためだけに使ったりすることはなかったよ。だからみんなから信用されて、大切にされていたはず。

前世から受けつぐ性格

巫女としていつも神聖な場所にいたあなたは、今も、教会やパワースポットにひかれるはず。落ちこんだときは自分にとっての聖なる場所に行けば、きっと元気がもらえるよ。

ラッキーアイテム
Lucky Item

お守りのモチーフ。聖なる場所のシンボルをはなさずに持っていると、心が落ち着くよ。

256

ビックリ？ ナットク？ **あなたの〇〇度診断！**

みんなの間で、うわさになっている心理テストで
友だちやあなたの〇〇度が、ズバリわかっちゃう！

テスト1

イライラしている男の子がいるよ。この子を「もっと怒っている顔」にするなら、何をかき加える？

C 「口から火」をかく

B 「怒りの血管」をかく

A 「ふん火の絵」をかく

◀◀◀◀◀◀◀◀ 診断結果は260ページだよ★ ◀◀◀◀◀◀◀◀

テスト 2

Part 8 おもしろ♪何でも診断

テストで答えをど忘れ！必死に思い出そうとしている女の子に、何かかき加えるとしたら？

C 「みけんにシワ」をかく

B 「青ざめている線」をかく

A 「顔のまわりにアセ」をかく

◀◀◀◀◀◀◀ 診断結果は次のページだよ★ ◀◀◀◀◀◀◀

診断結果 1
このテストでわかるのは!?

あなたの
やさしさ度

C 60%
やさしさ度はまずまず。親友にはすごくやさしいけど、それ以外に対してはクールな面もありそう。大事な人だけを、大事にするタイプだね。

B 80%
見た目によらず、じつはやさしいタイプ。まわりの人が落ちこんでいたり、1人でさびしそうにしている人を見たら、すかさず、はげましてあげるはず。

A 30%
やさしさ度はけっこう低め。友だちに対しては、厳しいことをポンポン言っちゃうタイプかも。でも「本音のアドバイスありがとう」と感謝されることも。

診断結果 2
このテストでわかるのは!?

あなたの
マジメ度

C 20%
マジメ度は低め。友だちに借りたマンガやゲームをいつまでも返さなかったり、約束の時間にチコクしたり。むしろ、ちょっぴりズボラな性格と言えそう。

B 80%
人並みはずれたマジメさの持ち主。どんなに小さな約束も、絶対に守る人だよ。それだけに、相手がルーズな性格だとイライラしちゃうことも……。

A 40%
こだわっているところには、神経質になるけど、それ以外はあまり興味がないあなた。マジメ度はふつう。人が見ていないところでは、手をぬくタイプ。

テスト 3

ナイショ話に興味しんしんの女の子。女の子の耳はどうなっていると思う？

A ふだんとかわらない

B 大きくなっている

C ピクピク動いている

テスト 4

A 好きだった彼のこと

B 彼に言われた別れの言葉

C 楽しかった思い出

失恋して大ショック！彼女が考えていることは、いったい何!?

◀◀◀◀◀◀◀ 診断結果は次のページだよ★ ◀◀◀◀◀◀◀

診断結果 3
このテストでわかるのは!?

あなたの
好奇心度

C 80%

ものすごく強力な好奇心の持ち主！ 自分に関係なくても、楽しそうな情報は必ずゲットするタイプ。うわさ話にもビンカンだから、かなりの情報通かも。

B 40%

好奇心度はふつうレベル。身近な友だちの話は、興味をもってしっかり聞くタイプだよ。でも、最新の流行情報には、あまりくわしくないかも。

A 20%

好奇心度は低め。自分に関係のないことには、興味をもつことはほとんどなさそう。友だちの話も「あっそう」や「ふ〜ん」と聞き流しちゃう。

診断結果 4
このテストでわかるのは!?

あなたの
知ったかぶり度

C 10%

知ったかぶり度は低め。知らないことは「知らない」と言うし、わからないことは「わからないよ」と言うタイプ。素直だけど、正直すぎるかも!?

B 80%

あなたはかなりの知ったかぶり。わからないことを「知ってる」と言ったせいでウソをついたこともあるんじゃない？ バレちゃったことも多いはず。

A 30%

知ったかぶり度はふつう。わざと大げさなことを言ったりはしないけど、知らないことを「前から知ってるけど？」と、知ったかぶりしちゃうタイプ。

テスト 5

イタズラが成功して喜んでいる女の子がいるよ。セリフをかき加えるなら？

A やったー！

B イッシッシ

C 次は何をしようかな？

テスト 6

何やら困っている男の子を発見。どうして困っているんだと思う？

A
落とし物をした

B
忘れ物をした

C
迷子になった

◀◀◀◀◀◀ 診断結果は次のページだよ★ ◀◀◀◀◀◀

診断結果 5
このテストでわかるのは!?

あなたの
イジワル度

C 20%
あなたは、イジワルとは正反対のタイプ。トラブルに巻きこまれている人を見ると一番にかけつける人だよ。イジワルはされるほうが多かったりして……。

B 80%
イジワル度はかなり高め。みんなのびっくりする顔を見るために、こっそりワナをしかけちゃうタイプ。そろそろ逆に、イタズラし返されちゃうかも!?

A 40%
イジワルな行動はしないけど、友だちの失敗した話やドジ話を聞くと、ニヤニヤしちゃうタイプ。心配するふりをしながら、心の中では喜んじゃうことも!?

診断結果 6
このテストでわかるのは!?

あなたの
ストレス度

C 10%
ストレス度はほとんどゼロ！ どんなに大変なことも、「がんばってやろう！」とポジティブに考えるタイプ。能天気と思われているかも……？

B 70%
かなり、ストレスがたまっているかも。自分の思っているとおりに計画が進まないと、イライラしちゃうタイプ。深呼吸して、リラックスすることが大事。

A 50%
ストレス度はやや高め。1人でいる時間が増えるとさびしくなるから、「おしゃべりしたい」とストレスがたまるタイプ。上手に解消する時間を作って。

テスト 7

カレーを食べた女の子が、思わず顔をしかめたよ。どうしてだと思う？

A　からかったから

B　あまかったから

C　マズかったから

テスト 8

これはラブラブなカップルのイラストです。これから2人はどこに行くと思う？

A　遊園地でデート

B　公園でデート

C　レストランで食事

◀◀◀◀◀◀◀　診断結果は次のページだよ★　◀◀◀◀◀◀◀

診断結果 **7** このテストでわかるのは!?

あなたの こわがり度

C 10 %

あなたはこわがりとは正反対。ふつうの人ならビビっちゃう場面でも、平然としていられるタイプだよ。おばけを見ても「ふーん」って感じかも。

B 40 %

こわがり度はふつう。友だちとこわい話をすることは平気だけど、夜道やお墓の近くだけは「何か出るかも」とこわがって、1人では歩けないタイプ。

A 80 %

あなたはすごいこわがり人間！　夜中に1人でトイレに行くくらいなら、ガマンしちゃうタイプ。風で木がゆれただけで「おばけ！」とビビりそう。

診断結果 **8** このテストでわかるのは!?

あなたの 自信度

C 80 %

あなたはすべてにおいて「私は何でもできるし」と自信満々なタイプ。でも「私はやればできるタイプだから」と、課題をあと回しにすることも……。

B 20 %

あなたは、自分にあまり自信がないタイプかも。人と自分を比べて「やっぱりダメだな」と思うことが多いのでは？　得意なことを探すことが大事。

A 60 %

どちらかというと自分に自信をもっているタイプ。シュミやオシャレのことなど、自分の「得意分野」に関しては「だれにも負けないわ」と思っていそう。

266

テスト ⑨

この女の子は現在12才。大人になったら、どんな女性になると思う?

キャリアウーマン

やさしいお母さん

芸能人としてカツヤク

テスト ⑩

今から魔女が、あなたに呪いをかけるよ。さて、それはどんな呪い?

A ヒゲが生える呪い
B 鼻水が止まらない呪い
C おなかが減る呪い

◀◀◀◀◀◀ 診断結果は次のページだよ★ ◀◀◀◀◀◀

診断結果 9 このテストでわかるのは!?
あなたの精神年れい

年れいより 高い
あなたの精神年れいは、かなり高め。実際の年れいより、5才は高いはず。大人っぽいところもミリョクだけど、年を取りすぎないようにご用心!?

年れいと 同じ
あなたの精神年れいは、実際の年れいと同じ。見た目と中身のギャップも少ないはず。でも、油断すると一気に老けたり、子どもっぽくなるから注意!

年れいより 低い
あなたの精神年れいは、けっこう低め。実際の年れいより5才引いたくらいかも。まわりの友だちから「お子様だな〜」って思われているかも!?

診断結果 10 このテストでわかるのは!?
あなたの女子度・男子度

C 女子度 30% 男子度 70%
あなたはどちらかというと、ボーイッシュな女の子。言いたいことはハッキリ言うタイプだから、「かっこいい」なんて女の子からモテちゃうことも!?

女子度 60% 男子度 40%
あなたの女子度と男子度のバランスは、ちょうどいい感じ。どちらかといえば女の子っぽいけど、さっぱりとしているから細かいことは気にならないはず。

 女子度 80% 男子度 20%
あなたはかなり女の子らしいタイプです。デリケート&ロマンチックな性格で、考え方も話し方も、まさに「オトメの中のオトメ」と言ったところ。

おもしろ診断大集合！
みんなの〇〇、てってい診断★

気になるみんなの「あれ」も「これ」も「それ」も……。
おもしろ心理テストで、一気に診断しちゃお！

Part 8 おもしろ♪何でも診断

テスト 12

ペンケースのフタを閉めずにカバンに入れちゃった！ペンケースからカバンの中にペンは何本落ちた？

テスト 11

自分で作ったフルーツパフェに、好きなだけイチゴを乗せるとしたら、あなたはいくつ乗せる？

テスト 13

ずっとほしかったものが、目の前で売り切れそうに！最後の1つを手に取った人に、あなたは何て言う？

◀◀◀◀◀◀◀◀ 診断結果は次のページだよ★ ◀◀◀◀◀◀◀◀

診断結果 11
このテストでわかるのは!?

結婚するまでにつき合う人の数

フルーツパフェに乗せたイチゴの数は、あなたが結婚するまでにつき合う人の数だよ！ 1つも乗せなかった人はいないと思うけど、よくばって10以上も乗せちゃった人は、恋多き人生を歩むかも!?

診断結果 12
このテストでわかるのは!?

告白してフラれる人の数

ペンケースからバッグの中に落ちたペンの数は、あなたが告白してフラれる人の数！ 1〜2本ならふつうだけど、3〜5本だとちょっと多い？ 6本以上と答えた人は、フラれすぎかも!?

診断結果 13
このテストでわかるのは!?

ライバルに言うセリフ

ほしかったものを、目の前でうばわれそうになったときのひと言は、恋のライバルに言うセリフだよ。何も言わずにあきらめちゃった人は、ライバルに好きな人をもっていかれちゃうかも!?

テスト 15

道ばたに花がさいています。花のまわりには、ハチが飛んでいるよ。さて、ハチは何びきいる？

テスト 14

前から飼いたかったペットが、いよいよ家にやってきたよ！友だちに何と言ってしょうかいする？

テスト 16

1ぴきのイヌが目の前を通りかかったよ。そのイヌはあなたに向かって、どんな鳴き声を出した？

A：クゥ〜ン
B：ガルル……
C：ワンッ！

◀◀◀◀◀◀◀◀ 診断結果は次のページだよ★ ◀◀◀◀◀◀◀◀

診断結果 14 このテストでわかるのは!?

彼をじまんするときのセリフ

「ペットのじまん」=「友だちに対する彼のじまん」だよ。「カワイイ」「かっこいい」はもちろん、「やさしい」「あまえんぼう」な〜んて、いっぱい彼をじまんした人は、だれかな〜?

診断結果 15 このテストでわかるのは!?

本当の友だちの数

花のまわりを飛んでいるハチの数は、あなたの本当の友だちの数を表しているよ。1〜3びきはちょっと少なめ、4〜10ぴきだとふつう。ハチの数が11ぴき以上と答えた人は、超人気者だね!

診断結果 16 このテストでわかるのは!?

好きな人に言ってもらいたいこと

イヌの鳴き方で、好きな人に言ってもらいたいことがわかるよ。**A**「クゥ〜ン」→あまい言葉が聞きたい。**B**「ガルル……」→ホメ言葉を言ってほしい。**C**「ワンッ!」→さりげなく好きって言ってほしい。

テスト 17

突然電話が鳴り、宅配便が届き、トイレに行きたくなって、赤ちゃんが泣きだしたよ。どの順番で片づける？

テスト 18

もようがえをしようと、部屋のポスターをはがしたあなた。はがし終わったあとのポスターはどうする？

テスト 19

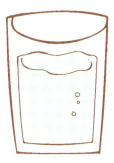

コップに水が入っています。どれくらいでその水を、あなたは飲み干すことができる？

◀◀◀◀◀◀◀ 診断結果は次のページだよ★ ◀◀◀◀◀◀◀

診断結果 17 このテストでわかるのは!?

男の子を好きになる順番

あなたが男の子を好きになるとき、どこから好きになるか、その順番がわかるよ。電話→性格、宅配便→顔、トイレ→お金、赤ちゃん→自分への好意。あなたが一番重視するのは、どこだった!?

診断結果 18 このテストでわかるのは!?

ラブレターの対処法

ポスターの対処法で、あなたがラブレターをもらったときの対応がわかるよ。「捨てる」「保管する」の答えはふつうだけど、「別の場所にかざる」と答えた人は、見せびらかしたいと思っているのかも！

診断結果 19 このテストでわかるのは!?

キスしている時間♡

コップに入っている水を飲み終わるまでの時間は、あなたがキスしている時間の長さを表しているよ！　1分以内、3分、5分……。10分以上かかる人は、じつはキスが大好きなのかも!?

テスト21

アライグマが一生けん命、フルーツを洗っているよ。いくつフルーツを洗っているかな？

テスト20

あなたはボートに乗って、魚にエサをあげています。さて、魚は何びき集まってきた？

テスト22

あなたの頭上に、天使が飛んできたみたい！ 飛びながら何枚か羽根を落としたよ。何枚だった？

◀◀◀◀◀◀◀ 診断結果は次のページだよ★ ◀◀◀◀◀◀◀

診断結果 20 このテストでわかるのは!?

あなたのことを好きな異性の数

エサを求めて集まってきた魚の数は、あなたのことが好きな異性の数！ 10ぴき以上って答えた人は、モテ期の真最中かも!? 0ひきと答えた人は、もう少し女子力をみがいたほうがいい……？

診断結果 21 このテストでわかるのは!?

最近ついたウソの数

アライグマが洗っていたフルーツの数は、あなたが最近ついたウソの数。5つ以下はふつうだけど、6つ以上と答えた人は、ちょっとウソが多め。バレるウソをつくくらいなら、正直になろう。

診断結果 22 このテストでわかるのは!?

一生で好きになる人の数

あなたの頭上を飛んでいた、天使が落とした羽根の数は、あなたが一生の間に好きになる人の数♪ 男の子はもちろん、尊敬する先生や大好きな親友もこの中に入るよ。あなたは何枚と答えた？

テスト23

彼と待ち合わせをしているあなた。なのに、約束の時間になっても彼は現れません。どのくらいなら待てる？

テスト24

１本の木があります。冬になると葉が落ちる木です。さて、今年の冬は何枚葉っぱが木に残ると思う？

テスト25

明日の天気は、雨みたい。降水確率は何％だと思う？

◀◀◀◀◀◀◀ 診断結果は次のページだよ★ ◀◀◀◀◀◀◀

Part 8 おもしろ♪何でも診断

診断結果 23 このテストでわかるのは!?

トイレにいた最高時間

待ち合わせ場所で、彼が来るまで待っていた時間は、あなたがトイレにこもっていた最高時間を表しているよ！　1時間以上も彼のことを待っていたあなたは、ちょっとトイレにこもりすぎかも!?

診断結果 24 このテストでわかるのは!?

将来の髪の毛の数

冬になって葉っぱが少なくなった木。そこに残った葉っぱの数は、なんとあなたの将来の髪の毛の数。「0枚」「1枚」って答えた人は……。今日からていねいに髪の毛を洗ったほうがいいかも……。

診断結果 25 このテストでわかるのは!?

両思いの確率

質問で答えた降水確率は、あなたが好きな人と両思いになれる確率だよ。80％以上は両思い確実。50～79％は友だち以上の関係。49％以下だったら、もうちょっとがんばる必要がありそう！

テスト27

写真を20枚撮ったよ。「これが一番カワイイ」と思った写真は、何枚目だった？

テスト26

目をつぶって、心の中にロウソクを思いうかべてください。さて、そのロウソクは何本ありますか？

テスト28

道を歩いていたら、キレイな色の石を発見！ それはピンク、青、黄色のうち、何色だった？

A：ピンク
B：青
C：黄色

◀◀◀◀◀◀◀ 診断結果は次のページだよ★ ◀◀◀◀◀◀◀

診断結果 26 このテストでわかるのは!?
一度に愛せる人の数

心の中に思いうかべたロウソクの数は、あなたが一度に愛せる人の数だよ。1本と答えた人は、1人しか愛せないイチズなタイプ。2本以上と答えた人は、同時期に何人もの人を好きになれるタイプ。

診断結果 27 このテストでわかるのは!?
初キスまでのデート数

20枚中、何枚目の写真が「カワイイ」と思ったかで、何回目のデートで彼と初めてキスするのかがわかるよ。いきなりキスしちゃう人、なかなかキスできない人、あなたはどっちだった？

診断結果 28 このテストでわかるのは!?
好きな人にどう思われたいか

選んだ答えで、あなたが好きな人から、自分のことをどう思ってもらいたいかがわかるよ。**ピンク**→ピュアでカワイイ子、**青**→頭のいい子、**黄色**→明るくてユーモアのある女の子。

テスト29

どうしても暮らさなきゃいけないとしたら、どっちのほうがマシだと思う？

B 動物園のオリの中で、みんなに見られ続けて3日間

A だれとも連絡ができない無人島で、1週間1人ぼっち

テスト31

あなたのクラスに、転入生がやってきました。でも、彼女には1つだけ欠点があるみたい。それは何？

テスト30

ここは妖怪の街だよ。「絶対に会ってはいけない」と言われていた妖怪にそうぐう！どうしよう？

◀◀◀◀◀◀◀ 診断結果は次のページだよ★ ◀◀◀◀◀◀◀

診断結果 29 このテストでわかるのは!?

人の話を聞く？聞かない？

 わりと聞くタイプ

人の話をわりとちゃんと聞くタイプ。最後までしっかり聞いて確認してから動く、用心深い人です。

 ぜんぜん聞かないタイプ

人の話はあまり聞かずに、自由気ままに行動するタイプ。早とちりをして、失敗することも多い人。

おつりを多くもらったら……

診断結果 30 このテストでわかるのは!?

妖怪に出会ったときの行動は、レジでおつりを多くもらったときに、あなたがどう対応するかを表しているよ。その場からにげたりかくれたりして、おつりをネコババしちゃう人はだ～れだ！

診断結果 31 このテストでわかるのは!?

好きな人にヒミツにしていること

転入生の欠点は、あなたが好きな人に対して「これだけは知られたくない」とナイショにしていること！ どんな欠点を答えた？ 足がクサい、怒るとこわいなんて答えてたりして……!?

テスト 33

今にもこわれそうな古い丸太橋をわたることに！ 何人までなら一度にわたれると思う？

テスト 32

目の前に子イヌが！ あなたはどんな言葉で、その子イヌをほめてあげる？

テスト 34

どうしても乗らなきゃいけないとしたら、どっちの乗り物を選ぶ？

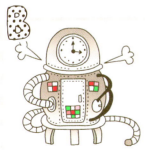

B 帰ってこられるかわからないタイムマシン

A どこに行くのかわからないUFO

◀◀◀◀◀◀◀ 診断結果は次のページだよ★ ◀◀◀◀◀◀◀

診断結果 32 このテストでわかるのは!?
長所だと思いこんでいるところ

目の前に現れた子イヌに対してのほめ言葉は、あなたが自分で長所だと思いこんでいるところ。「カワイイ」なら「私はカワイイ♡」と思っていて「かしこい」なら「私は天才！」って思っているよ。

診断結果 33 このテストでわかるのは!?
好きな人に出会うまでの年数

丸太をわたることができる人数は、あなたが心から「好き♡」と思える人に出会えるまでの年数だよ！ 2〜3人なら2〜3年だけど、答えが「100人」だったら、出会えるのは100年も先〜!?

診断結果 34 このテストでわかるのは!?
悲劇のヒロイン度

ポジティブに切りかえ

悲しいことがあっても「だいじょうぶ！」と切りかえるあなた。悲劇のヒロイン度は低め。

悲劇のヒロイン

少しでも悲しいことがあると「私ってかわいそう……」と、悲劇のヒロインになっちゃうタイプ。

テスト 35

禁止されるとしたら、「キツいな！」と思うのはどっち？

B 登校する以外の外出

A 友だちとのメールや電話

テスト 37

100本のバラの花束をもらったよ。ドライフラワーにするなら、何本をドライフラワーにする？

テスト 36

ドアを開けるといきなり空が見えたよ！　そのときのあなたの感想は？

◀◀◀◀◀◀◀◀ 診断結果は次のページだよ★ ◀◀◀◀◀◀◀◀

診断結果 35 このテストでわかるのは!?

まわりをふり回す度

B ふり回されるほうかも

ふり回すよりふり回されちゃうタイプかも。人の言動に反応しすぎず、ドシッと構えることも大事。

A ガンガンふり回す

みんなをふり回すことが、楽しいと感じるあなた。無意識の間にいろいろふり回しちゃってるかも。

診断結果 36 このテストでわかるのは!?

告白されたときの感想

ドアを開けて、いきなり空を見たときの感想は、あなたが好きな人から告白された瞬間の気持ちを表しているよ。「ステキだな」「うれしい！」「わ〜♡」あなたはどんな感想を答えた？

診断結果 37 このテストでわかるのは!?

ルックス満足度

100本のバラのうち何本をドライフラワーにするかで、自分のルックスに100点満点中、何点まで満足しているかを表しているよ。100本なら100点！ 20本以下なら、ちょっぴり不満が多めかも。

テスト39

道の向こうに、茶色のセーターを着た人を発見！ それはだれだった？

テスト38

次のタイプをイヤだなと思う順番に並べてね。イヤミな人、泣き虫、ぶりっ子、ワガママ、イジワル。

テスト40

どうしても食べなきゃいけないなら、どっちを食べる？

おいしいけど、クサい料理

おいしそうだけど、マズい料理

◀◀◀◀◀◀◀◀ 診断結果は次のページだよ★ ◀◀◀◀◀◀◀◀

診断結果 38 このテストでわかるのは!?

あなたのウラの本性

イヤな順番に並べて、2番目に何を選んだかに注目してみよう！ じつはそれは、あなたのウラの本性。イヤミ、泣き虫、ぶりっ子、ワガママ、イジワル……あなたはいったい何を選んだ？

じつはニガテな人

診断結果 39 このテストでわかるのは!?

茶色の服を着て、道の向こうから歩いてくる人は、あなたが心の中で「ニガテかも……」と感じている人だよ。身近な友だちやクラスメイトのことを、じつはニガテに思っているのかも!?

診断結果 40 このテストでわかるのは!?

じまん好き度

 じまんできない……

まわりに気をつかって、じまんするよりじまんを聞いてあげるタイプ。たまにはじまんしてみよう。

 じまん大好き！

他の人の話題に割りこんででも、自分のじまん話をしちゃうタイプ。やりすぎには注意して！

288

女の子と魔法の種

女の子が拾った種にはすごい魔力がやどっていた!?
4コマを読んで質問に答えてね。

すると、芽が生えてあっという間に大成長！

ある日、女の子は不思議な種を拾いました

その木は女の子に幸せを運んでくれました

女の子は種を持ち帰り、大切に育てました

4コマ目で女の子がよろこんだわけは？

C 虹色の花がさいた

A 金のリンゴがなった

D 妖精がまい降りて お礼を言われた

B たくさんの 宝石がなった

 診断結果は次のページだよ★

オモテ＆ウラの顔

診断結果 1

 オモテの顔　**恋をしてもクール**

ここぞというときはダイタン

 ウラの顔

好きな人がいても「興味ないわ」と、気持ちを表に出さないタイプ。でも、「ここぞ」というときは勇気とパワーをハッキ。ダイタンな告白で彼をビックリさせそう。

LOVE♥アドバイス
告白が急すぎると引かれちゃうから、ふだんからさりげなく自分をアピールしておくと成功しやすいよ♪

A

 オモテの顔　**アピール上手のモテ子**

イザというときは弱気に

 ウラの顔

さりげなく自分をアピールするのが上手なタイプ。あなたのことを気にしている男の子は多そう。でも、おしが弱くてイザというときは弱気になっちゃう面が。

LOVE♥アドバイス
告白の前に大きな深呼吸をすると勇気が出るよ。あまりキンチョウしないでふだんどおりに接してみて。

B

あなたが恋をしたらどんなタイプかな？ オモテの顔とウラの顔を予言しちゃうよ。

このテストでわかるのは!?
あなたの恋の

C

 オモテの顔
燃えやすい情熱家

 ウラの顔
あきっぽさが玉にキズ

恋をすると気持ちが盛り上がって前向きな気持ちでがんばれるあなた。でも、あきっぽいからパワーダウンするのも早く、恋がかなう前に興味がなくなることも。

LOVE♥アドバイス
恋をしたときのあつい気持ちをキープすれば恋がかなう可能性もアップ！彼の好きなところを探してみよう♥

Part 9 4コママンガde本音診断

D

 オモテの顔
少しずつ近づく頭脳派

 ウラの顔
計算高い小悪魔

好きな人ができたら、彼と仲良くなる方法をじっくり考えて接近するかけ引き上手なタイプ。でも、そんなあなたを見て、「計算高い」と思って引いてしまう人も。

LOVE♥アドバイス
頭で考えず、ときにはダイタンに気になる人に接近するのも効果的。いつもより早く仲良くなれるかも！

お姫様を救え！

とある国の美しいお姫様が魔王にさらわれて大ピンチ！ 4コマを読んで質問に答えてね。

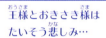

12 お姫様を救ったのは次の4人のうちだれ？

C 知恵のある学者

A となりの国の王子様

D 勇気と根性のある ヒツジ飼い

B 国一番の力持ち

診断結果は次のページだよ★

のあこがれ度

診断結果 2

A

あこがれるのは心の中だけ！

ヒミツの恋へのあこがれ度はかなり高いほう。でも、イザとなると勇気が出なくて、自分から飛びこんでいけないところがあるよ。心の中でドキドキするタイプ。

ココに気をつけて！
あなたが本当の恋をするなら、キケンな恋ではなく、やさしい彼とのほのぼのとしたムードの恋がお似合いだよ♥

B

友情よりキケンな恋を選びそう

不良っぽい男の子との恋や、友だちの彼を好きになっちゃう……なんてシチュエーションにあこがれていない？　恋のためなら友だちだってウラ切るかも!?

ココに気をつけて！
恋に積極的なところがあなたのミリョク。でも、先のことを考えて行動しないと大変なことに巻きこまれる可能性も！

296

この診断では、あなたが、どのくらいヒミツの恋にあこがれているかがわかるよ。

このテストでわかるのは!?
キケンな恋

C

ダナとわかっていても ハマりそう

頭の中では「やめたほうがいい」、「こんな恋はパス」とわかっているマジメなタイプ。でも、知らないうちにアブナイ恋にハマっちゃうおそれが!

ココに気をつけて!
決してキケンな恋にあこがれているわけではないけれど、流されやすいあなた。自分の本当の気持ちをしっかりもとう!

D

ささいなことで 心がユラユラ

「キケンな恋なんて別世界の話」と思っているタイプ。実際に、自分から近づくことは少ないみたい。でも、心の中にはひっそりとあこがれの気持ちが……!

ココに気をつけて!
恋がうまくいっているときこそ気を引きしめよう。うっかりするとキケンな恋に、フラフラと引き寄せられてしまうかも?

川をわたらせて！

タマゴ売りの女の子にアクシデントが発生！
4コマを読んで質問に答えてね。

4つコマ 心理テスト3

女の子は毎朝、ニワトリが産んだタマゴを街に売りに行きます

いつものように大きな川にかかる橋をわたろうとしたら大雨で橋が流されていました！

女の子が困って泣いていると…

3人の若者が女の子に声をかけました

Q 女の子は次の3つのうち、どの方法を選んだ？

A タマゴ10コで船に乗せてもらう

「タマゴ10コで船に乗せてあげる」
「タマゴがほとんど残らない…」

「カゴを落としそう…」
「作業用のつり橋を貸してあげよう タマゴは2コで！」

B タマゴ2コでつり橋を貸してもらう

C 橋が直るのを待つ

「橋を直してあげるよ タダでいいよ」
「待っている間にタマゴがくさってしまうかも…」

診断結果は次のページだよ★

このテストでわかるのは!?
恋のライバルが現れたときどうするか

診断結果 3

もしもあなたに恋のライバルが現れたらどうするか、大予言しちゃうよ。

A 負けないようにはり切る

「ライバルには絶対負けない」と、ファイトを燃やしてはり切るあなた。今まで以上にがんばれるから、ライバルが現れると、かえって恋が盛り上がりそう！

B 頭でしっかり作戦を立てる

どうすれば自分がリードできるかを頭で考えてかけ引きをする頭脳派。ライバルに勝つことも多いけど、ミエミエの作戦が逆効果になって負けることも……。

C いきなり弱気になっちゃいそう

ライバルが現れたとたん、自分に自信が持てなくなり、弱気になって身を引くことも。ライバルが現れたくらいで弱気にならず、あきらめないことが大事。

300

目覚まし時計

いつもよりちょっぴり早く目が覚めたあなた。
4コマを読んで質問に答えてね！

まだねむいし、時間にもよゆうがあります

もうちょっとだけねよう

目覚ましの時間をまちがえてしまったあなた

Q 目覚ましを何分後にセットした？

- **C** 15分後
- **A** 1時間後
- **D** 二度ねせずに起きた
- **B** 30分後

診断結果は次のページだよ★

このテストでわかるのは!?

あなたの**サボリ度**！

診断結果
4

二度ねの時間はあなたの心のあまさ。
二度ねした時間によって、サボリ度を診断するよ！

A めんどうはおしつける

二度ねの時間が一番長かったあなたは自分にあまい超サボリ魔！　当番をおしつけたり、宿題を写させてもらったり、友だちにたよってばかりじゃダメだよ！

B スキを見てサボる

目覚まし時計を30分後にセットしたあなたは、スキがあればサボってしまうちゃっかりさん。先生やお母さんが見ていないところだと遊びを優先させがち！

C バレずにこっそりサボる

二度ねの時間が一番短かったあなたは、先生や友だちにバレずにこっそり息ぬきをするのが上手な人。まわりの人からはマジメなタイプだと思われているよ。

D なまけるのが大キライ！

二度ねをしなかったあなたは、自分にも他人にも厳しい根っからのマジメ人間。だれかにめいわくをかけること、規則を曲げることがキライなしっかり者だよ。

302

宝クジのおすそ分け

親友が宝クジに当たってお金持ちになったみたい！
4コマを読んで質問に答えてね。

あなたなら何を買ってもらう？

- C ブランドバッグ
- A 大きな家
- D 何もいらない
- B テーマパークのチケット

診断結果は次のページだよ★

このテストでわかるのは!?
あなたの腹黒度

診断結果 **5**

プレゼントの金額は、友だちにシットする気持ちを表すよ。
高いものをねだるほど、腹黒度が高め！

A 悪魔レベル

大きな家という高いものをねだったあなたの腹黒度は悪魔レベル。友だちのうわさ話を広めたり、無意識のうちにズルい行動をしがちだから気をつけて！

B 人間レベル

プレゼントに友だちといっしょに楽しめるテーマパークのチケットを選んだあなたは人間レベルの腹黒さ。友だち思いの素直な性格で、だれからも好かれるよ。

C 小悪魔レベル

高級だけど実用的なものをねだったあなたの腹黒さは、したたかな小悪魔レベル。友だちのケンカに首をつっこんで引っかき回すなどトラブルメーカーなところも。

D 天使レベル

親友の幸せな顔を見ているだけで自分も幸せ、という無欲なあなたの腹黒度は天使レベル。他人をうたがったりしない、ピュアな人。だまされないよう注意して。

秘密のデート

友だちにナイショの「秘密の恋」がテーマの
ストーリーだよ。4コマを読んで質問に答えてね。

Q あなたならデートの場所をどこに決める？

- C 2人の家の中間
- A 彼の家の近く
- D 自分の家の近く
- B だれも知らない遠く

診断結果は次のページだよ★

このテストでわかるのは!?

あなたのKY度

診断結果

この質問でわかるのはあなたのKY度。
相手の気持ちを考えて行動できるかが丸見えに!

A にくめないお調子者KY

ヒミツの恋がバレたときに彼にめいわくがかかるので、KY度はやや高め。みんながビックリすることを言っても、ユーモアを心がけると逆に人気が出そう!

B 天然系KY

だれにもバレない遠くの場所を選んだあなたのKY度は低め。空気を読んだつもりが失敗することもあるけれど、みんなから天然キャラとして愛されているよ。

C 空気読み名人

中間地点を選んだあなたのKY度は低め。グループがいいフンイキになるよう、みんなの気持ちを気づかえるやさしい子だよ。ガマンのしすぎに注意しよう。

D 異星人級の超KY

彼のことを考えずに自分の家の近くに呼んだあなたは、KY度がかなり高め!
悪気なく友だちをキズつけないよう、言葉に出す前に考えるクセをつけて。

306

美容院でショック

心理テスト 17

イメチェンしたくて美容院に行ったら大失敗！
4コマを読んで質問に答えてね。

 あなたなら次の4つのうちどうする？

- C 髪がのびるまでガマン
- A カツラを作ってもらう
- D 自分でどうにかしてごまかす
- B 別の美容院で助けてもらう

 診断結果は次のページだよ★

このテストでわかるのは！？
あなたのムダづかい度

診断結果 7

マジメに貯めるタイプか、ムダづかいしがちか……
あなたのお金の使い方がわかるよ。

A まわりもあきれるドケチ

カツラを要求したあなたは、絶対にソンをしたくないドケチな人。お金を大切にするのはえらいけど、数字に細かすぎて友だちからヒンシュクを買うことも。

B ほしいものは買っちゃう

ほしいと思ったらガマンできないあなた。お金がなければ、親に借金してでも買ってしまいそう……。レジに持っていく前に、本当に自分に必要か考えよう。

C 貯金もバッチリ！

髪がのびるまで根気よくガマンできるあなたはムダづかいゼロのしっかり者。貯金もバッチリだけど、使うときは使う人だから、ケチとは思われないよ。

D シュミのお金はおしまない

自分で何とかごまかす器用なあなたは、お金の使い方も上手。ふだんは節約しているけれど、シュミや好きなものにはドカンと大金を出せるダイタンな人！

デートで大失敗!

4つつ 心理テスト 8

彼とのデートのためにせっかくオシャレしたのに!
4コマを読んで質問に答えてね。

Part 9 4コママンガde本音診断

Q あなたならどうやってピンチを切りぬける?

- **C** 気づかないフリで1日を過ごす
- **A** コッソリ閉めてから戻る
- **D** 笑いながらその場でチャックを閉める
- **B** 「今日のパンツがわいいでしょ?」と言う

 診断結果は次のページだよ★

このテストでわかるのは!? あなたのミエっぱり度

診断結果

はずかしい姿を見られたときの行動から、あなたのミエっぱり度を診断するよ！

A つねに自分をよく見せる

何でも器用にこなせる自信家に見えて、心の中では自分に自信がもてないタイプ。自分をよく見せるためにミエをはってウソをついちゃう……なんてことも!?

B 失敗も笑いにかえる

失敗を笑いにかえてむしろ「おいしい」と思えるあなた。ミエっぱり度は一番低めで、友だちにカッコ悪い姿を見られてもぜんぜん気にしないおおらかな人。

C ヘンなことでミエっぱり

ファスナーを開けたまま、気づかないフリをつらぬくあなたはミエっぱり。まわりの人がどうでもいいと思うような変なところでミエをはりがちだよ。

D カッコ悪くても平気！

みんなの前で失敗しても、あまり気にしないマイペースなあなた。自分に自信があるから、ミエをはったり、必要以上に自分をかざったりしないタイプだよ。

310

ねごとでビックリ！

学校でうっかりいねむりをしたらみんなの前で大失敗！ 4コマを読んで質問に答えてね。

4つめ 心理テスト 9

Part 9 4コマ マンガ de 本音診断

あなたならどう言いわけする？

- C ねたふりをする
- A 「夢だったの」と言いわけする
- D 「本当に好きなの！」と、その場で告白
- B 「何の話？」と知らんぷり

診断結果は次のページだよ★

このテストでわかるのは！？
あなたの友だち思い度

診断結果 9

友だちにどう接するのか、友情の深さを試すテストだよ。
あなたの友だち思い度を確認！

A 何よりも友情が大切！
友だち思いのあなたは、困っている子を放っておけないあたたかい心の持ち主。なやみをうち明けられて相談されると、自分のことのように親身になれる人。

B 一番大事なのは自分
友だちも大切だけど、一番は自分という気持ちが強いあなた。友だちに助けを求められても、あまり親身にならなそう。勝手と思われないよう、まわりを見て。

C ベタベタしないいっぴきオオカミ
たくさんの友だちといっしょにいるより、1人でいるほうが気楽なタイプ。といっても冷たいわけではなく、友だちの一大事にはかけつける情の深さの持ち主。

D 友情よりも恋愛！
ふだんは友だち思いだけど、好きな人や彼ができると友情より恋に夢中に。困ったときに助けてくれて、なやみを聞いてくれる友だちのことを忘れちゃダメ！

このテストでわかるのは!?
あなたの負けずギラい度

診断結果 10

テストの目標が高いほど意志が強い証。
この質問では、あなたの負けずギラい度がわかるよ！

A 絶対に負けたくない！

満点をめざして最後までがんばるあなたは、とっても負けずギラいなタイプ。人に負けたくないパワーをねばり強さにかえれば、勉強や仕事で大成功できるかも。

B 勝ち負けを楽しみたい

ニガテな科目で70点取れれば満足、というあなたの負けずギラい度はそこそこ高め。だれかに負けたくないというより、純粋に勝ち負けを楽しむ熱血タイプ。

C 好きなことでは負けない

友だちとも遊びたいし、50点くらい取れればOKというあなたの負けずギラい度は低め。ただ、自分の好きなことや得意なものでは絶対に負けたくない一面も。

D 勝っても負けても平気

どうせニガテな科目だから……と、勉強より遊びを優先させたあなたの負けずギラい度は低め。勝負でギスギスするよりみんなで仲良くしたいと思うタイプだよ。

ハッピーハロウィーン♪

心理テスト 11 4つつ

ハロウィーンのコスプレパーティーに招待されたよ！ 4コマを読んで質問に答えてね。

Part 9 4コマまんがde本音診断

 あなたならどのコスプレを選ぶ？

- C ホラーなゾンビ
- A ミイラ男に大変身！
- D かわいい魔女♥
- B ネコ耳カチューシャ

 診断結果は次のページだよ★

ギャップ度

診断結果 11

ギャップ度 40%

ネコ耳をつけるだけのさりげないコスプレをイメージしたあなたのギャップ度はやや低め。でも、みんなの前ではしっかり者の優等生に見えてめんどくさがり……なんて、かくれた顔があるかも？

ギャップ度 70%

包帯をグルグルに巻いた性別不明なミイラのコスプレを選んだあなたのギャップ度はやや高め。見た目は女の子らしいけど中身はおじさん……なんて、ギャップのちがいをおもしろがってもらえそう。

このテストでわかるのは!? あなたの

コスプレは、いつもの自分をかくす遊び。どれだけこった衣装をイメージしたかで、あなたのギャップの大きさを診断！

Part 9 4コママンガde本音診断

ギャップ度 50%

服を着がえるだけの魔女のコスプレを選んだあなたのギャップ度はふつう。やんちゃでボーイッシュなタイプに見えるのに、じつは女の子らしい……そんなミリョク的なギャップがありそう。

ギャップ度 90%

顔を完全にかくしたゾンビのコスプレを選んだあなたのギャップ度は超高め。一見おとなしそうなおじょう様タイプに見えてドクゼツ家……なんて、見た目と性格が真逆でビックリされることが多そう。

監修／マーク・矢崎治信（まーく・やざきはるのぶ）

神秘学研究家。子どものころから不思議なものに興味を持ち、占いやおまじない、超常現象、霊的体験などありとあらゆる神秘学を研究する。すべてのものには何か目に見えない共通の力が働いていると考え、人の願いと意志が起こす奇跡を信じる。20歳で月刊少女誌『MyBirthday』（現在は休刊）に連載を始め、20年にわたって読者のなやみ相談に応じ、おまじないを指導する。一方で不思議体験の収集でも熱烈な支持を集める。現在はその幅広い知識で新聞、雑誌への執筆ほかWebコンテンツを監修。『当たる！ 占い大じてん』『うわさの怪談』ほか著書多数。

カバーイラスト／小山奈々美
カバーデザイン／根本直子（説話社デザイン室）
占い協力／章月綾乃
シミュレーション心理テスト協力／星野りかこ
マンガ・イラスト／小山奈々美、優陽、もにこ、泉リリカ、水玉子、久永フミノ、笑夢かぇる、小平帆乃佳、関野うなぎ、felt、さかもとまき、オチアイトモミ、ひなことり、今道杏子、山口泉、増田慎、Mika、ぴよな、これきよ、めやお、野々木のこ、和田みずな
本文デザイン・DTP／橋本綾子、越智健夫、説話社デザイン室（菅野涼子、根本直子）
編集・制作／平田摩耶子、黒沢真記子、村山佳代、仲川祐香（以上、説話社）

ときめき！ 心理テスト大じてん

監　修　マーク・矢崎治信

発行者　深見公子

発行所　成美堂出版
　　　　　〒162-8445　東京都新宿区新小川町1-7
　　　　　電話(03)5206-8151　FAX(03)5206-8159

印　刷　広研印刷株式会社

©SEIBIDO SHUPPAN 2018　PRINTED IN JAPAN
ISBN978-4-415-32435-7
落丁・乱丁などの不良本はお取り替えします
定価はカバーに表示してあります

• 本書および本書の付属物を無断で複写、複製（コピー）、引用することは著作権法上での例外を除き禁じられています。また代行業者等の第三者に依頼してスキャンやデジタル化することは、たとえ個人や家庭内の利用であっても一切認められておりません。